너는 나다

우리 시대 전태일을 응원한다

너는 나다

제1판 1쇄 펴낸날 ● 2010년 11월 13일
제1판 4쇄 펴낸날 ● 2011년 12월 10일

지은이 ● 손아람, 이창현, 유희, 조성주, 임승수, 하종강
본문삽화 ● 최호철
디자인 ● 디자인커서 정하연
인쇄 ● (주)갑우문화사
펴낸곳 ● 레디앙, 후마니타스, 삶이보이는창, 철수와영희

도서 유통 및 영업 ● 철수와영희
등록번호 ● 제319-2005-42호
주소 ● 서울시 마포구 망원1동 386-2 양경회관 302-1호
전화 ● (02)332-0815
팩스 ● (02)6091-0815
전자우편 ● chulsu815@hanmail.net

ISBN 978-89-93463-12-5 03300

책값은 뒤표지에 있습니다.

이 책은 '아름다운 청년 전태일 40주기'를 맞아 레디앙, 후마니타스, 삶이보이는창, 철수와영희 출판사가 공동 기획·출판한 책입니다. 이 책 판매 이익금의 일부는 (재)전태일 재단에 기부됩니다.

이 책 내용의 일부 또는 전부를 재사용하려면 반드시 레디앙, 후마니타스, 삶이보이는창, 철수와영희의 동의를 얻어야 합니다.

우리 시대
전태일을
응원한다

손아람 · 이창현 · 유희 · 조성주 · 임승수 · 하종강 지음

레디앙 ● 후마니타스 ● 삶이보이는창 ● 철수와영희

차
례

1

전태일
열　전

우리 시대 전태일　손아람

레디앙

우리는 앞선 시대로부터 비롯된

사소하거나 중요한 변화들을 완전하게 상속했다.

전태일은 모든 전태일의 적자이다.

그리고 우리는, 단지 가진 이름이 전태일과 다를 뿐이다.

이 이야기는 '전태일 씨, 지금 잘 살고 있습니까?'라는 질문에서 시작되었지만,

내가 원한 질문은 이것이었다.

우리는, 지금 잘 살고 있습니까?

내가 아는, 전태일은 40년 전에 죽었다. 1970년 11월 13일 오후 1시 30분에서 2시 사이다. 세상은 막바지에 다가선 그의 삶을 분 단위로 기억한다. 전태일은 약속보다 '10분 늦게' 나타났다. 가슴에 근로기준법을 품은 채로. 전태일의 몸은 '3분가량' 불탔다. 그는 그 상태로 외쳤다. 근로기준법을 준수하라. 놀란 기자들이 몰려들었다. 동료들이 황급히 몸에 붙은 불을 껐다. 전태일은 숯 더미가 된 채로 말했다. 내 죽음을 헛되이 하지 말라. 육신을 보내고 이름만이 덜렁 남았다. 전태일. 그렇게 남은 이름은 역사를 건너뛰어 바로 신화로 편입되었다.

거기서 그날의 시계를 하루 전으로 되돌려 보자. 11월 12일 오전이다. 그때 전태일은 살아 있는 사람이었다. 그는 집에서 라면을 먹고 있었다. 여동생이 그에게 물었다. "오빠, 15일까지 돈 좀 해 줄 수 있어?" 전태일은 숟가락을 놓았다. 그리고 대답했다. "미안하구나."

이것은 세상이 아닌 가족의 기억이다. 매우 사소하고 특별할 것 없어 보이는 순간이다. 전태일은 평범한 사람이었다. 이때 그는 모든 살아 있는 사람들처럼 살아 있었기에 누구에게도 기억되지 못했다. 그는 죽음으로 세상에 기억되었기 때문이다. 그러나 그가 죽기 전까지 외쳤던 것은 삶이었다. 그가 주장했던 것은 평범한 삶을 누릴 권리였다. 그는 자신의 죽음으로 인간이 삶을 이룩하길 바랐다.

삶이 순환할까? 죽은 자가 산 자들의 먹이가 될 수 있을까? 우연처럼 시간 속에 솟아오른 개인의 삶을 잇는 실낱같은 의미의 고리가 존재할까? 모두 부정한다면, 삶을 외쳤던 사람이 스스로 선택한 죽음을 이해할 방법이 있을까? 살기 위한 죽음이라니, 그건 모순이 아닐까?

만약 전태일이 지금 살아 있다면. 〈레디앙〉 편집팀에서 내게 던진 질문이었다. 그 가정형 문장은 괴이할 만큼 슬프게 들렸다. 뒤집어 보면 그 문장은 다음과 같은 사실들을 의미했다 : 전태일은 죽었다. 전태일은 없다. 지금이 오기 전에 전태일의 삶은 완료되었다.

죽음으로 모든 게 끝난다면, 전태일은 대체 왜 죽어야 했나? 내 상상은 윤회적인 색채로 물들어 갔다. 만약 전태일이 지금 살아 있다면. 그 질문을 지우고 대신 나는 물었다. 정신 나간 사람처럼.

전태일 씨, 지금 잘 살고 있습니까?

단지 상상했을 뿐만 아니라, 나는 정말로 궁금해졌다.

남아프리카 공화국에서 열린 월드컵으로 전국이 떠들썩하던 2010년의 6월이었다. 일찍 찾아온 더위가 기승을 부렸다. 전태일들이 살고 있는 나라 곳곳의 기온이 남아프리카 공화국보다 높았다.

서울 평화시장의
'열사' 전태일
재단사
1948. 8. 26. ~ 1970. 11. 13.

평택의 전태일
대학생
1991. 4. 11. ~

인천의 전태일
유통업자
1966. 8. 5. ~

부산의 전태일
극장 안내원
1988. 10. 10. ~

전주의 전태일
고시생
1983. 1. 16. ~

거제의 전태일
선박 배선공
1984. 10. 10. ~

전태일과 전태일과 전태일과 전태일과 전태일과 전태일들……

전태일을 만나러 간다. 창밖으로 철로가 끝없이 달린다. 전신주가 심장박동처럼 규칙적으로 스쳐 지나간다. 분당 13회씩. 전신주는 같은 속도로 달린다. 언제나 열차의 속도로. 그러면서 때로는 생각의 속도로. 삶을 관장하는 현상들의 연관성은 아주 작은 변화로, 매우 사소한 실험으로, 혹은 약간 더 주의 깊은 시선만으로도 드러난다. 기차가 특정한 속도로 달릴 때, 철로 근처에 그저 붙박인 것처럼 보였던 전신주 사이의 간격은 급작스럽게 음악적 리듬으로 제 모습을 드러낸다. 우리의 삶은 어떨까. 내가 만날 전태일들의 삶은 어떨까. 모든 전태일들은 서로에게 이름을 빚졌다. 이름 아래서 이루어진 그들의 삶도 어떤 식으로 연결되어 있을까? 그들의 삶을 관통하는 맥락이 돌발적으로 나타난 나의 간섭으로 드러날까? 그보다, 이건 완전히 억지가 아닐까? 단지 '전태일들'이라니.

이름도 생전 처음 들어보는 작은 역에서 내렸다. 첫 전태일이 기다리는 곳은 평택이었다. 기차를 잘못 탔다. 다음 열차에 무임승차할 생각이었다. 우주적인 연결……. 나는 주문을 읊듯이 중얼거렸다. 믿을 건 그것밖에 없었다.

전태일과 전태일과 전태일과 전태일과 전태일과 전태일들:

평택의 '병아리' 전태일

1991년 4월 11일 부산 출생. 성동초등학교－한광중학교－안중고등학교－상명대학교 한국어문학과 재학 중. 현재 백화점 식품관에 나온 아르바이트 자리를 두고 망설이는 중이다.

평택의 이미지를 그려 볼 수 있는 어떤 정보도 없었다. 나는 일단 평택 역사에 들어선 백화점의 웅장한 규모에 놀랐다. 그리고 주변 부지 건물의 땅에 달라붙은 듯한 편평함에 놀랐다. 전태일은 정오임에도 꽤 길게 드러누운 백화점의 그늘 아래서 나를 기다리고 있었다. 공간의 독재. 백화점의 그늘 아래 놓인 세상과 인간의 모습은 21세기 사회학의 극적인 단면이다. 이게 우리 시대 전태일의 삶이 이루어지는 곳이다. 한때 성과 같은 영화와 권력을 누리던 평화시장, 내 기억 속의 '열사' 전태일을 집어삼킨 장소조차 이 시대에는 초라하고 볼품없는 이름이 되었다. '시장'으로서는 패션몰이 들어선 인근 빌딩의 높이와 경쟁할 수가 없었던 것이다. 나는 다가가 인사를 건넸다. 전태일 님이시죠?

이제 갓 스무 살이다. 올해 대학에 들어간 새내기. 별명이 '병아리'다. 왜라고 물을 필요도 없었다. 그렇게 생겼다. 자세히 보니 전태일을 닮은 것 같기도 하다. 아, 그러니까 '열사' 전태일 말이다. 평택의 '병아리' 전태일이 평화시장의 열사 전태일을 닮았단 말이다. 나는 물었다.

"그러고 보니까 전태일 씨 진짜 닮았네요? 아, 진짜 전태일, 아니, 열사 전태일요. 여기 계신 전태일 씨가 그 전태일 씨를 닮았다고요."

"그런 말 많이 들어요."

"열사 전태일에 대해 이야기도 많이 하고 그러겠어요."

"어른들은 처음 인사드리면 이렇게 물어요. 넌 네가 누군지는 아냐."

"하하."

"무작정 밥 사 줄 테니까 따라오라는 사람도 있고요."

전태일은 1991년 4월 11일 부산에서 태어났다. 멸치잡이 어선들이 매일같이 드나드는 기장 항구에서. 아버지는 인근 호텔에서 근무했다. 바다에 대한 기억은 없다. 정확히는 부산에 대한 기억이 없다. 그때 그는 너무 어렸고, 그의 기억은 열다섯 해 가까이 살아온 평택을 벗어나지 못한다.

"정말 기억나는 게 없어요? 열사 전태일도 한때 부산에 살았는데."

전태일은 잠시 생각을 더듬더니 대답했다. 부산 살던 시절에 대해 부모님께 들은 건 있다고 했다.

"어느 날 부모님이 저를 유모차에 태우고 바다를 산책했대요. 엄마가 다녀올 곳이 있으니 기다리라 하고 어딘가로 갔어요. 그때 뭔가 아빠의 관심을 끌었대요. 아빠는 한참 한눈을 팔았어요. 밀물이 들어올 때 엄마가 돌아왔고요. 유모차가 바다에 둥둥 뜬 채 떠내려가고 있었어요."

"아빠는요? 뭐가 아빠의 관심을 끌었는데요?"

"말을 안 하세요, 아직까지."

시간이 흘러 그 일은 가족이 공유하는 희극적인 기억이 됐다. 그건 저쪽 대륙에 보내는 편지를 실은 유리병처럼 바다 저편으로 떠내려가던 유모차를 다행히 어머니가 도로 건져냈기 때문이다. 후에 알게 되었지만, 많은 전태일들이 부산을 거쳐 살았다. 인구 400만의 도시. 그건 통계일 뿐 운명의 단서는 못 된다. 그래도 재미있는 이야깃거리는 있다. '열사' 전태일도 어린 시절을 부산에서 보냈다. 10대 초반, 가난으로부터 도피하고자 서울 집을 떠나 떠돌았을 때, '열사'의 발이 마지막으로 향한 곳 역시 부산이었다. 이미 사흘을 굶었던 그는 부산에 도착하자마자 바다로 갔다. 먹을거리를 구하려고. 생각나는 건 그것뿐이었다. 방파제 위에서 바다를 내려다보니 양배추 잎사귀가 떠내려갔다고 그는 일기에 기록한다. 그는 바로 뛰어내렸다. 당장 저 양배추를, 입에 집어넣어야 했다!

'병아리'와는 달리 거기에는 '열사'의 어머니가 없었다. 지나가던 어부가 의식을 잃은 열사를 건져 해파리처럼 해변에 뉘어 놓고 떠났다. 깨어났을 때 전태일에게 남은 것은 운동화 한 짝, 조개껍데기, 10원짜리 지폐 석장, 5원짜리 동전 한 닢, 그리고 결국에는 손에 쥐고 만 '끝이 조금 누런색으로 상한 뾰족한 양배추 속고갱이'였다! 어쨌든 이제나 그제나 전태일들은 바다로부터 돌아와 계속 살아 나갔거나 살아 나가고 있다.

한편, 바다로부터 살아남는 '열사' 전태일은 죽더라도 서울에 가서 죽자고 결심했다. 서울까지 갈 기차표를 살 돈이 없었다. 그는 무임승차를 결심했다. 무임승차의 스릴이야 나도 잘 아는 바이나 그의 각오는 나와는 달랐다. 나야 들키면 허허, 웃을 생각이었다. 전태일은 '얻어맞을' 각오였다. 그는 승차권을 확인하는 승무원을 피해 할머니의 치마폭에 기어들기까지 했다. 표가 없는 승객은 승무원에게 얻어맞는다. 그건 또 그가 살던 시대의 규칙이다. 힘으로 나라의 왕도 될 수 있는 시대의 규칙. 여하튼 그는 서울에 도착하기 전에 허기를 못 참고 하차하게 되는데, 대합실 바닥에서 지폐 다발을 발견하게 된다. 전태일은 고민 없이 지폐 다발을 주워 가슴 섶에 챙겼다. 비난 받을 행동일까? 내가 들은 이야기가 하나 더 있는데, 그 선택을 하게 된 전태일이 한 명은 아니었다.

인천의 '고용주' 전태일

1966년 8월 5일 인천 출생. 부평동국민학교−부평동중학교−운산기계공업고등학교 졸업. 유통업 종사. 노동자가 다섯 명 남짓한 작은 유통회사의 사장이다.

이번 전태일은 1966년 8월 5일 인천 부평에서 태어났다. '열사'가 열여덟 살 되던 해 그가 태어났고, 그가 네 살 되던 해 '열사'는 갔다. 그는 태어난 동네를 한번도 벗어나 본 적 없이 살았다. 그리고 평생 하던 대로 자영 유통업에 종사하고 있다. 그래서 그는 늘 '고용주'였다. 아, 20대에 한 달간 대우자동차에 다녔던 걸 제외하면. 대우자동차는 부평에서 택할 수 있는 최고의 직장이다. 부평 지역의 모든 산업은 생태 사슬을 거슬러 올라가 보면 결국 대우자동차와 맞닥뜨리게 되어 있다. 그러면 전태일은 왜 그 대단한 직장을 그만두었나? 그건 내 질문이다. 그는 담담하게 이야기를 시작했다.

"회사에서 야근을 하고 나오다 버스를 놓쳤지. 정류장에서부터 집까지 걸어갔어."

그건 '열사'도 자주 하던 일이다. '열사'는 버스비를 아끼려고 평화시장부터 집까지 걸어가기 일쑤였다. 당시에는 통행금지 시간이 있어 야간 통행 중 발각되면 인근 파출소에 구치되었는데, '열사'는 구치장을 집으로 가는 거점 숙소로 활용한 모양이다. 동이 트고 집에 도착하면 어머니께 "파출소에서 좀 자고 왔다"고 말했을 정도라니.

"길에 웬 지갑이 떨어져 있는 거야. 근데 이게 100만 원이 들어있는 지갑이야. 와, 깜짝 놀랐지."

'고용주'의 선택은 선배인 '열사'와 같았다. 그는 지갑을 가슴에 품고 집으로 왔다. 열사 수중의 돈은 밥에, 고용주 수중의 돈은 술에 쓰였다. 갑작스럽게 큰돈이 생긴 전태일의 가슴속으로 허무감이 밀려들었다. 한 달간의 노역의 대가로 돌아오는 월급과 맞먹는 큰돈이었다. 그렇게 그는 최고의 직장 대우자동차를 그만뒀다. 그리고 유통업에 뛰어들어 '고용주'의 길을 걷기 시작했다.

20년 남짓 일을 하면서 많은 사람들과 만났다. 피고용인이었던 '열사' 전태일이 고용주에게 불만이 있었듯 '고용주' 전태일 역시 피고용인들에게 불만이 많다.

"권리만 내세우고 책임은 지지 않으려는 사람들이 참 많아. 애인 때문에, 친구 때문에 자기 일을 내팽개쳐. 구직난이라고 하는데, 우리는 노는 사람이 많아도 제대로 쓸 사람이 없거든. 구인 광고를 내면 이 일에 어울리지도 않는 대단한 사람들이 찾아와. 아예 숨아 내지. 어차피 금방 그만둘 거 뻔히 알거든. 면접자의 80프로가 그래. 마흔이 안 되면 시키는 일만 하고, 서른이 안 되면 시키는 것도 안 해. 무단결근하고, 장사 빵꾸 내고. 우리 일은 그러면 정말 큰일 나거든. 뭐라 한마디 하면 술 마시고 다음 날부터 안 나오지. 그렇게 쉽게 일을 그만두면 되나."

나는 장난스럽게 말을 받았다.

"그건 마치…… 지갑을 줍자마자 대우자동차를 그만둔 전태일 씨 이야기와 비슷하네요."

전태일은 음, 하고 신음한 후 대답했다.

"그래도 그때 난 어렸고, 하고 싶은 일도 많았고, 아직은 철도 덜 들었고……."

문득 나는, 그들의 대담을 엿듣고 싶다는 생각을 했다. 대우자동차에 다니던 어린 전태일과, 철이 난 어른 전태일. 혹은 40년 전 평화시장의 피고용인 전태일과, 오늘 부평시장의 고용주 전태일.

거제의 '더러운 청년' 전태일

1984년 10월 10일 부산 출생. 신년초등학교─배정중학교─동의대학교 전자공학과 졸업. 선박 배선직 종사. 영화 한 편 덕에 '더러운 청년', '개 같은 청년' 등의 시리즈를 평생 달고 다녔다.

영화 〈아름다운 청년 전태일〉의 개봉과 함께 그의 별명은 정해 졌다. 더러운 청년 전태일. 그는 1984년 10월 10일 태어났다. 그는 거제도 에 위치한 조선소 직원으로, 선박의 배선 공사를 한다. 그의 노동은 고등 학교 2학년 때 들어간 노가다 판에서 시작되었다. 육체노동 경력으로 보 자면 대단한 엘리트인 셈이다. 이미 2년 전 허리를 다치신 아버지가 집에 누워 계시는 상황이었다. 그는 낙천적인 사람이다. 배시시 웃으며 말한다.

"아버지가 누우셨어도 나는 마냥 똑같았어요. 그 노가다는 그냥 술 값 때문에……."

노가다 일을 꾸준히 하던 전태일은 좀 더 안정적으로 술을 수급할 방 편을 궁리한 끝에 아예 술집에 취직했다. 고등학교 3학년 때였다. 참 많 은 술집을 옮겨 다니며 일했다. 그러다 또래 애들 다 그렇듯 주유소로 들 어갔고, 주유소에서 나온 후로는 아파트 단지에 광케이블을 포설했고, 대 학교 등록금을 벌려고 다시 철근을 좀 들어 나르다가, 몸이 상해 백화점 에서 선식을 팔면서 숨을 골랐고, 혜성처럼 나타난 '바다이야기' 덕에 성인

너는 나다 : 우리 시대 전태일을 응원한다

오락실의 호황도 함께했다. 열여섯부터 일을 안 해본 기간이 없다.

"성인 오락실에서도 일했어요?"

"우리 오락실에 바다이야기가 쫙 깔렸거든요. 그거 사태가 한번 터진 후로는 단속이 매일 떴어요. 출근하고, 단속 뜨고, 도망가고, 출근하고, 단속 뜨고, 도망가고, 적발되고, 보름 쉬고……. 일은 거의 못 했는데 그래도 월급은 다 나왔어요. 참…… 좋았죠."

"별일을 다 해봤네요. 혹시 안 좋았던 기억이 있나요? 특히 고용주와의 사이에서 있었던."

나는 노골적으로 떠보았다.

"고용주에 대해 특별히 안 좋았던 기억은 없어요. 아, 그 사람들은 안 좋았던 기억이 많을 거예요. 내가 일하면서 술을 좀 마셔서……."

"육체노동을 많이 하셨는데 다친 적은 없고요?"

"노가다꾼들한테 다치는 건 일상이에요. 신기한 게 안 아프다고 생각하면 하나도 안 아파요. 다치면 윗사람들이 안 좋아하죠. 다들 숨기고 그래요."

다들 그런다. 종이에 손 베고도 하소연을 거른 적 없는 나야 해당이 안되는 이야기다. 그래도 다들 그러긴 하나보다. '열사' 전태일이 기억하는 평화시장에서도 다들 그랬다. 피를 토할 때까지 숨겼다. 윗사람들은 노동력의 손실을 좋아하는 법이 없다. 아름다운 청년에서 더러운 청년에 이르기까지, 많은 것이 변했지만 그것만큼은 변하지 않았다. 더러운 청년 전태일은 자신의 순수한 노동애를 내가 모략하고 있다 느꼈는지 항변하는 투로 말했다.

"이런저런 일을 하면서 정말 많은 사람들을 봤어요. 사람 깔보는 사

람. 자기 혼자만 아는 사람. 싫은데 억지로 일하는 사람. 그래서 금방 적
응하고 맞춰 사는 기술이 생겼나 봐요. 그게 사는 데 편하더라고요. 저는
사람 만나는 게 좋아요. 새로운 환경에서 일하는 건 더 좋아요. 그래서 하
나도 안 힘들어요."

내가 그를 낙천적인 사람이라 말했던가? 그는 대단히 드물게 낙천적
인 사람이다. 사람 맛이 나는 사람이다. 대한민국 국가대표팀의 월드컵
경기가 있는 날. 인터뷰하는 내내 더러운 청년을 찾는 친구들의 전화가 걸
려왔다. 시끄러, 니 혼자 봐. 끊어. 그의 대응은 쿨했다. 그래도 금방 또
다른 친구들이 그를 찾았다.

전주의 '탈군' 전태일

1983년 1월 16일 전주 출생. 문정초등학교-양지중학교(무려 '소녀시대' 태연도 졸업, 이라고 강조)-우
석고등학교-원광대학교 건축학과 중퇴. 현재 검찰공무원 시험준비 중. 〈CSI〉를 보고 감명받아서 검찰조
사관이 되기 위한 공부를 하게 됐다.

노동 경력으로 따지면 이쪽 전태일도 만만치 않다. 태일 군이라고

자꾸 불리다보니 아예 별명이 '텔쿤'이 됐다는 그. 1983년 1월 16일 전주에서 태어났다. 미국 드라마 〈CSI〉를 보다가 감명 받아 검찰 공무원 시험에 도전하게 됐다는 동화적인 인물이다. 어린 시절, 전태일의 집에는 가사노동에부터 아예 단가가 따로 있었다 한다. 설거지는 500원이었다. 아버지 구두 닦는 일이 특별히 짭짤했다.

"얼마 받았는데요?"

"구두의 재질과 시세에 따라 달랐어요. 보통은 1,000원에서 2,000원 사이로……."

가사노동 단가와 노동시장의 책정 단가 사이의 현격한 불균형을 깨닫게 된 중학교 2학년 때부터는 전단지를 돌렸다. 아파트 현관문에 받은 전단지를 다 꽂아 넣으면 3만 원을 받을 수 있었다. 한번은 전단지 묶음이 쓰레기통에서 발견됐다. 그가 의심을 받았다. 그의 입장은 지금까지 한결같다. 억울하다.

20대에는 동생 학비를 대신 내주려고 술집에서 서빙을 했다. 그곳에서 그의 성실함은 재능으로 인정받았다. 첫날 일하는 것을 지켜본 사장이 말했다. 내가 오늘, 진짜 괜찮은 녀석을 뽑은 것 같은데. 그렇게 아르바이트 첫날 그의 시급은 2,100원에서 2,300원으로 올랐다.

"엥? 2,100원, 2,300원요? 아무리 몇 년 전이라도 최저 임금에 한참 모자란 것 같은데?"

"지방엔 그런 거 없어요."

그의 대답은 간명했다. 진짜 불만이었던 건 따로 있다.

"한 달 후에 새로 들어온 알바 놈이 있어요. 나이가 많은 것도 아닌데 같은 알바끼리 일을 시켜요. 자기는 안 하면서. 알고 보니까 얘가 매니저 친구였어요. 사장님도 어쩌질 못하는 거예요. 근데 제가 그쪽 업계에선 일 잘한다는 게 좀 알려졌거든요. 저는 일하는 동안에는 앉지도 않아요. 그래서 술집 오픈할 때마다 매니저들이 저를 불렀어요. 여기저기 다니면서 일했죠. 그러다 어느 날 그 사장님한테 다시 전화가 오더라구요. 믿을 만한 사람이 필요하다고, 다시 돌아오면 매니저를 시켜준다네요? 그래서 다시 갔죠."

알바생이 매니저로 돌아왔다. 왕의 귀환이었다. 전태일은 모든 직원을 무자비하게 잘라냈다. 그의 동생이 알바생으로 투입되었다.

"동생 학비 대 주려고 술집에서 일한 거라면서요? 거기에다 동생을 알바로 넣어요?"

"그게, 내가 좀 쓰다 보니 도저히 학비까지는 안 되겠더라고요. 대신 걔 거기서 일하다 여자친구도 생기고 뭐……."

부산의 '저그' 전태일

1988년 10월 10일 부산 출생. 남부민초등학교─송도중학교─부산공업고등학교─동의대학교 기계과 재학 중. 극장은 그의 추억이고, 생계이며, 이루어질 꿈이다.

이쪽 전태일은 1988년 10월 10일 부산에서 태어났다. 거제도의 더러운 청년도 10월 10일 부산에서 태어났다. 대학도 같은 곳을 나왔다. 동의대학교. 둘은 서로의 존재를 모른다. 부산은 큰 도시다.

"그런데 별명이 왜 저그에요?"

"군대에서 고참 한 명이 그러더라고요."

전태일을 빨리 발음하면 '저그'가 된다고. 전태일은? 절대로 그럴 리가 없다고 생각했다. 고참이 말했다. 한번 빨리 해 봐. 전태일은 시키는 대로 했다. 전땔.

고참이 말했다.

"거 봐."

그는 고참이었다. 군대에서 만난 사람들과 사회에서도 계속 연락하면서 전태일은 주욱 저그로 불렸다.

아이스크림을 많이 먹을 것 같아서 잠시 아이스크림 전문점에서 일한 걸 제외하면, 그는 항상 극장에서 일해 왔다. 지금도 극장에서 일하고 있다. 표를 팔아도 보고, 끊어도 보고, 좌석도 안내해 봤다. 그는 영화를 좋아한다. 극장에서 영화를 보는 시간이 좋다. 극장에서 일을 시작한 처음 1년 동안은 개봉한 영화를 다 봤다. 그럴 수도 있다. 누구나 영화를 좋아한다. 영화를 보는 시간은 즐거우니까. 그의 사연은 그것보다는 더 길다. 그리고 조금 슬프다.

전태일의 어머니는 그가 열 살 때 집을 나섰다. 아무 소식도 듣지 못했다. 2년이었다. 정말 어려운 시간이었다.

"그러다 엄마한테 연락이 왔어요. 보고 싶다고. 토요일 낮에 남포동에서 만났는데, 막상 만나서 할 게 없었어요. 그래서 엄마가 절 극장에 데려갔거든요. 그게 처음이었어요. 극장 가 본 게. 〈하면 된다〉라는 영화를 본 것도 기억나요. 아세요?"

"아뇨."

"보통 잘 몰라요. 전 그 영화 다 기억해요. 엄마랑 극장에서 처음 본 영화거든요. 그때부터 매주 토요일마다 엄마를 만나서 먹을 거 잔뜩 싸들고 극장에 가서 영화를 봤어요. 그게…… 정말 좋았어요. 극장에서 엄마랑 손잡고 영화 보고……. 그래서 결국 극장에서 일하게 됐나 봐요."

"어머니는 아직도 봅나요?"

"아버지가 어느 날 부르서서 묻더라고요. 너 엄마 만나냐? 혼날까 봐 말을 못하고 있었는데, 아버지가 갑자기 우시면서 그래요. 니 엄마잖아. 아들이 당연히 엄마 만나야지. 넌 잘못 없다. 아버지 전형적인 부산 사람이거든요. 근데 그 무뚝뚝한 아버지가 울어요."

아버지는 방학 때 그를 엄마 집에 보내 줬다. 꿈같은 시간이었다.

"엄마가 매일 해 주는 불고기. 이 맛을 잊고 지냈는데. 엄마와 매일 텔레비전으로 보는 영화. 엄마는 보다가 잠이 드셨고요. 그럼 저도 옆에 누워서 잤어요. 엄마랑 장도 보러 갔어요. 방학 끝나고 아버지가 절 데리러 왔어요. 아버지께 엄마랑 같이 살겠다고 했더니 크게 화를 내시더라고요."

"결국 아버지 따라갔네요. 그냥 순순히?"

"전 아버지 말에 반항해 본 적 없거든요. 그 후론 엄마 못 봤어요. 가끔 보고 싶어요. 군대서 근무 설 때는 제대하면 꼭 엄마 어딨는지 찾을 생각이었거든요. 근데 나와서 포기했어요."

"왜요?"

"새엄마 섭섭해 하실까 봐 싫어요. 이제 저한텐 길러 주신 분이 어머니예요."

전태일의 이야기는 계속됐다. 어머니에 대한 두 개의 기억. 그러나 어머니는 두 사람일 수가 없었다. 그는 선택을 해야 했다. 길러 주신 어머니에 대한 그의 애정과 기억도 참으로 애틋하다. 그러나 이 이야기는 여기서 줄이기로 하자. 모든 전태일마다 다 가족사가 있으니까.

전태일의 가족 :

열사 전태일의 아버지는 봉제 노동자였다.
열사 역시 봉제 노동자로 살았다. 가난과 함께 대
물림 되는 가업, 그것은 운명의 세습이었다. 열사
의 유년기는 그다지 행복한 모습은 아니었다. 아
버지의 사업은 성공보다 실패의 골이 더 깊고 더
길었다. 가족들은 여러 차례 길거리에 나앉았다. 아버지는 술을 마셨고,
방랑객처럼 어느 날 갑자기 집을 떠나 어느 날 갑자기 돌아오곤 했다. 그
리고 전태일이 학교를 그만두고 생계를 도울 것을 바랐다.

 **삶을 부양하는** 시대의 조건은 많이 달라졌
다. 이제 아들에게 공부보다 생계의 보조를 원하
는 아버지는 찾기 어렵다. 그래도 집을 나서는 아
버지의 뒷모습을 바라봐야 하는 아들의 감정은
비슷하지 않을까. 그것은 전주의 전태일에게도 익
숙한 기억이다. 그의 아버지는 밴드 뮤지션이셨다. 다정한 아버지셨지만
그 다정함의 기억은 드문드문하다. 아버지는 공연을 위해 전국을 돌아다
녔다. 아버지와 공간적 거리를 두고 자란 만큼, 아버지에 대한 그의 추억
역시 원격적이다. 그에게 아버지는 생일날 도착하는 휴대폰 문자메시지

같은 분이다.

"사랑하는 강아지야. 오늘은 네 생일이다. 축하한다. 공부 열심히 해라. 그 문자를 보는데 왜 그렇게 눈물이 나던지……."

아버지의 빈자리는 전태일 스스로 메웠다. 그는 가히 직업적인 아르바이트 경력의 소유자다. 수도가 단수되면 수도세를 마련하기 위해, 겨울이 닥치면 동생의 잠바를 사기 위해, 군대에서 돌아온 동생의 등록금을 대기 위해, 많은 일을 했다. 어느 날 집에 돌아온 아버지는 사정을 돌아보고 물었다.

"이거 다 어떻게 된 거냐."

"급해서 제가 했어요."

"내가 아르바이트 같은 거 하지 말라고 했잖아."

그러나 전태일의 기억에 남는 건 그 다음 말이다.

"아버지가 돌아서면서 조용히 미안하다, 강아지. 그러시더라고요."

그의 사려는 아버지를 이해하는 수준을 넘었다. 그는 미안하다는 말의 뜻을 몸으로 안다. 그래서 가족에게 미안한 일을 할 수가 없다. 그는 가 보지도 않은 길에 대한 상상만으로도 죄책감을 느끼는 모양이다.

"제가 사실은 음악을 하고 싶었거든요. 어렸을 때부터 정말 하고 싶었어요. 그런데 차마 아버지께 그 말을 해 보지도 못하고 포기했어요. 아버지 얼마나 힘든지 아니까. 아버지한테 미안해서."

"아버지께 섭섭하진 않나요?"

"그래도 절 믿고 이해해 주는 건 아버지뿐이라고 생각해요."

중학교 때다. 친구가 빌려 간 펜치를 받으러 나오라고 해서 집 앞으로 나갔다. 친구는 웬 자전거 앞에 쭈그려 앉아서 이미 작업을 하는 중이었다. 전태일은 그냥 모른 척 연장만 받아서 돌아왔다. 친구는 학교에서 급우들 사물함까지 작업에 들어가다 딱 걸려서 교무실에 불려갔는데, 그래도 마음은 약했는지 고해성사 하듯이 자전거 이야기까지 다 불어 버렸다. 디테일이 불필요하게 자세했다. 연장은 태일이 거였어요.

"그래서 저도 교무실로 불려갔어요. 선생님이 절 보자마자 걸레대를 가져와서는 그래요. 꿇어. 저는 끝까지 인정 안 했어요. 안 훔쳤으니까. 그래서 정작 훔친 놈은 정학 3일을 받았는데, 저는 두들겨 맞고 정학 5일을 받았어요. 엄마가 학교로 불려왔는데, 절 보고도 아는 척을 안 했어요. 너무 억울하고 속상해서 집에 있는 동안 방 바깥으로 안 나갔거든요. 그런데 마침 집에 돌아온 아버지가 방으로 들어오시더니 그랬어요. 태일아, 너 훔쳤냐?"

그는 대답했다.

"아니오."

"알았다."

아버지는 조용히 방을 나갔다.

학교에서는 친구들이 단체로 교무실로 몰려가서 시위를 벌였다. 선생님, 태일이는 억울해요, 징계를 풀어 주세요. 징계는 사실이 아닌 혐의에 대한 것이었다. 징계는 풀리지 않았지만, 그는 괜찮았다. 아버지의 한마디로 그의 마음은 다 풀렸다.

그런가 하면 좀 더 무뚝뚝한 아버지도 있다.
거제의 더러운 청년, 전태일의 누나에 대한 기억에
는 긴 공백이 있다. 누나는 그가 어린 시절에 가
출을 했다. 아버지는 누나를 기다리되 찾지는 않
았다.

"아버지가 말했죠. 지 힘들면 반드시 돌아온다."

아버지 말이 옳았다. 누나는 돌아왔다. 7년 후에. 문득 스스로 살기
위해 함께 가출한 막내 여동생을 길거리에 내팽개쳤던 '열사' 전태일의 과
거가 오버랩 된다. 몇 년 뒤 보육원에서 돌아온 그의 여동생은 완전히 얼
이 나가 있었다. 그러나 '더러운 청년' 전태일의 가계에 흐르는 피는 좀 더
생명력이 강한가 보다.

"누난 아무 일 없어요. 아버지랑도 잘 지내고. 아버지 참 많이 나아
지셨죠. 이제 자식들 밥도 차려 주시고 그러시니까."

인천의 전태일은 두 남매의 아버지다. 그에
게도 가족을 버릴 뻔한 위기가 있었다. 태어난 지
얼마 안 됐을 당시 아들에게는 사팔기가 있었다.
병원에 데려갔다. 청천벽력 같은 선고가 떨어졌
다. 아들은 앞을 보지 못했다.

"의사 붙잡고 울며불며 매달렸지. 그러니까 의사가 그래. 환자 중에
는 고칠 수 있는 사람이 있고 없는 사람이 있는데, 내 아들놈은 고칠 수 없
는 사람이라고."

그날, 인천의 전태일 씨 집으로 전 씨 가문 사람들이 모두 모였다. 대가족 회의가 벌어졌다. 안건은 아이의 '처리'였다.

"큰 어른들은 네 자식이니까 네가 잘 키워라 그러고, 형님들은 어떻게 평생 장님을 키울 거냐고, 너도 아직 어린데 말도 안 되는 소리라 그러고……. 괴로웠지."

"그래서 어떻게 됐어요? 아드님은요?"

"이 병원 저 병원 다 가 봤어. 그러다 그냥 지가 눈을 떴어. 의사가 가끔 눈을 늦게 뜨는 경우가 있다 그래. 지금은 그 새끼가 우리 가족 중에 시력이 제일 좋잖아."

게다가 그의 딸은 태어나자마자 사망 선고를 받았다고 한다.

"인턴 의사가 뇌에 문제가 있어 오래 못 산댔어. 하늘이 무너지는 줄 알았지. 하염없이 울고 있는데 소아과장이 왜 우냐 그래. 우리 애가 오래 못 산대요, 그러니까 누가 그래요? 그러데. 저 의사요, 했지. 과장이 우리 애 사진을 들고 그 의사한테 따라와, 하고 데려갔어. 알고 보니까 애들은 태어날 때 원래 뇌가 다 짝짝이라는 거야."

부끄러운지 고개를 돌려 눈내를 닦아 냈지만 나는 다 봤다. 전태일은 아버지였다. 그는 미숙한 의사들을 증오하는 대신 아이들을 더 사랑하기로 했다.

"우리 아버지는 자식들한테 다정하질 않았어. 나는 항상 아버지처럼 되지 말자고 다짐했거든. 근데 나이 드니까 그게 자꾸 그렇게 돼. 그래도 부모님 돌아가신 후로는 나한테 믿고 의지할 게 지원이랑 종욱이밖에 없더라고. 애들이 속 썩였을 때마다 내가 항상 하는 소리가 있어. 아빠는 할

너는 나다 : 우리 시대 전태일을 응원한다

아버지 돌아가셨을 때보다 너희들이 속 썩였을 때가 더 가슴이 아프다고. 그런데 난 진짜 그래. 우리 아들은 내 희망이고, 딸은 내 보물이거든. 난 그 애들이 속 안 썩이고 잘됐으면 좋겠고, 아니야, 속 썩여도 돼. 그냥 건강했으면 좋겠어."

마지막 문장은 거짓, 새빨간 거짓말이다! 아들과 딸은 건강하지만 그의 속은 요즘도 썩어가고 있다. 얼마 전에는 엇나가는 아들 때문에 속상한 나머지 아내와 술을 마시고 새벽에 울면서 집에 들어갔다. 심지어 나를 붙들고 하소연한다. 그래도 아직 젊으니 나보다 잘 알 거 아니냐면서.

"아드님이 뭘 잘못했는데요?"

흡연? 음주? 본드 흡입?

"주말에 친구들이랑 논다고 집에 안 들어오는 거야, 이놈이."

"그게 다예요? 좀 더 굉장하게 나쁜 짓은?"

"그런 건 없는데."

"집에 매주 안 들어오나요?"

"아니. 요즘은 또 기타 친다고 오히려 잘 안 나가."

전문가의 의학적 진단, 아버지의 가정학적 진단. 전태일 씨의 아들 종욱이에 대한 신단은 모두 틀렸다.

전태일의 학창시절 :

긴 가출 생활 때문에 '열사' 전태일은 초등학교를 졸업하지 못했다. 아버지의 생활이 잠시 안정되었던 1963년, 그는 피치 못하게 정규 학업을 중단한 학생들이 진학하는 야간학교인 청옥고등공민학교에 다니게 됐다. 전태일이 가장 행복했던 시기였다. 그 시절을 회상하며 전태일은 50분의 수업시간이 너무 짧은 것 같다고 썼고, 하루하루가 자신을 위해 존재하는 것 같다고 썼으며, 스스로 살아 있는 인간임을 어렴풋이 깨닫게 해 준 조물주께 감사한다고 썼다. 그는 아버지의 재봉 일을 도와 가면서 공부를 하다가 다리미에 손을 데었고, 아침에 세수할 때는 대야에 코피를 쏟았다. 그러나 짧은 배움은 아버지의 재봉 일감이 늘어나면서 끝났다. 아버지는 학업을 그만두고 집안일을 도울 것을 명령했다. 뒤늦게 공민학교를 졸업한들 뭣에다 쓰겠느냐는 게 아버지의 입장이었다. 전태일의 결단은, 고학을 위해 다시 집을 도망쳐 나오는 것이었다. 밑천 삼을 아버지의 재봉 일감을 들고 그는 무작정 서울로 올라갔다.

우리 시대의 배움이 40년 전 열사의 것에 필적할 만큼 처절한 모습일 수는 없다. 그래도 배움을 압도하는 기회비용이 존재하는 사정은 그때

너는 나다 : 우리 시대 전태일을 응원한다

나 지금이나 같다. 전주의 전태일은 대학교를 중
퇴했다. 그는 대학에 대해 유쾌하게 이야기할 만
한 기억이 없는 듯 말을 아꼈다.

"사립이라 등록금이 너무 비쌌어요. 집안이
어려워진 상태였거든요. 건축학과 졸업해서 뭘 할
수 있을까. 기회비용을 고려해 봤을 때 차라리 돈을 벌 길을 찾는 게 낫겠
다 싶겠더라고요. 학교를 그만둘 결심을 하고, 그럼 뭘 할까 고민하고 있
을 때 미국 드라마 〈CSI〉를 봤거든요. 제가 추리물을 너무 좋아해요. 그
래서 검찰 공무원이 된 다음에 영어 성적이 좋으면 국비유학을 가서 나도
CSI가 될 수 있지 않을까, 하고……."

"그게 공무원 시험을 준비하는 이유인가요?"

"시작은 그래요. 요즘 떡검, 섹검, 하면서 말이 많잖아요. 나도 저렇게
타락하면 어쩌나 하는 걱정도 드는데, 저는 변하지 않겠다고 다짐해요. 한
번은 경찰 공무원 시험 준비하는 친구들과 그것 때문에 싸운 적도 있어요."

"검찰과 경찰은 들어가기 전부터 싸우기 시작하나 봐요."

"계속 공부하다 보니 생각이 그렇게 길들어 가는지. 저는 뇌물 수수
는 결코 허용될 수 없다고 보거든요. 걔들은 안 그렇더라고요. 술 마시면
서 토론하다가 엄청나게 싸웠죠. 화해하자고 노래방에 같이 갔는데, 분
이 안 삭어서 DJ DOC의 〈포졸〉이라는 노래를 불렀어요. 아시죠?"

"짭새가 날아든다 어쩌구, 하는 그 노래."

"네."

"표정은 안 좋았는데…… 2절쯤부터는 같이 일어나서 불렀어요. 노
래가 워낙 흥겹잖아요."

한편 열사처럼 10대에 노가다판에 입성했던 엘리트 아르바이트생, 거제도의 더러운 청년 전태일조차 자신의 학창시절을 '평온'하고 '무난'했던 시절로 회상한다. 적절히 공부에 거리를 두고 적절히 두들겨 맞았던 시절. 40년이 지난 한국사회의 무난한 '배움'이란 이런 정도의 모습이다.

"조회 시간에 자고 있는데 선생님이 들어와서 무작정 저를 구둣발로 짓밟은 적이 있어요. 머리도 발로 밟았다던데. 자고 일어나서 그 이야기를 들었거든요. 다행히 푹 자서 아무 기억도 안 나요, 저는."

그렇게 고등학교를 졸업했다. 대학에 들어가면서 그의 몸값은 느닷없이 천정부지로 솟았다. 운동권 학생회끼리 그를 영입하기 위한 쟁탈전을 벌였다.

"넌 이름 때문에 뭘 해도 다 된다, 우리한테 와라, 그러던데요. 다 뿌리쳤어요. 나중엔 선거운동만이라도 좀 도와달라고도 하고."

그러나 정작 그는 학교에 잘 가지 않았다.

"성적표가 집에 도착하기 전에 뭔가 해야 했는데, 다행히 영장이 나왔어요. 그래서 냉큼 갔죠, 군대로."

"우와."

"그래도 마지막에 어머니한테 전화를 드렸거든요. 군대 간다고. 엄마가 우시는 거예요. 성적이 이게 뭐냐면서. 나중에 휴가 나와 보니까 저한테 연락도 안 하고 이사를 가 버렸더라고요. 집에 딴 사람들이 살고 있어요."

"그래서?"

"동네 아주머니들에게 물어물어 찾아갔어요."

"어머니는 뭐라셔요?"

"현관에서 절 딱 보더니, 아, 맞다."

전태일이 삶을 대하는 태도는 일상에서 드러나는 낙천성과 장난기로 드러난다. 대화를 나누던 중 행인이 길을 물어왔다. 그는 손가락을 길게 뻗어 가리키며 대답했다. 이쪽으로 조금만 가시면 됩니다. 그리고 행인이 사라질 때를 기다려 중얼거렸다. 그쪽은 맞아요. 한참을 걸어가야 되지만…….

낳아 주신 어머니 때문에 극장 일을 하게 된 부산의 전태일. 학업에 대한 그의 기억은 '길러 주신' 어머니와 닿아 있다. 중학교 때 새어머니가 들어오신 후, 전태일은 방황하기 시작했다.

"새엄마가 싫어서 그냥 짜증만 났어요. 집도 싫고 학교도 싫고. 성적이 자연스레 떨어졌어요. 어느 날 새엄마가 제 성적표를 보더니 놀라서 학원을 끊어 줬어요. 억지로 끌려가다시피 학원에 갔는데, 조금 있으니까 정말 성적이 오르더라고요. 그때 처음으로 고마움을 느꼈어요."

새어머니가 없었다면 그의 삶이 어떻게 달라졌을지, 돌이켜보면 아찔하다고 했다.

"새엄마 오시기 전에는 매일 집에 혼자 있었어요. 공부는 당연히 안 했고, 예절이란 것 자체에 대한 개념도 없었고요. 새엄마가 중학생인 저를 처음부터 다 가르친 거예요. 반항도 엄청나게 했는데 다 인내하셨어요. 그분이 절 사람으로 만든 거예요."

"고등학교 때는 어땠나요?"

"제가 어렸을 때부터 드라이버를 들고 다니면서 보이는 걸 다 해체해 보는 버릇이 있었거든요. 기계를 정말 좋아했어요. 요즘도 집에 텔레비전 같은 게 고장 나면 엄마가 A/S센터 대신 저한테 전화해요. 빨리 고쳐 놓으라고. 여하튼 인문계 고등학교에 갈 수 있었는데, 중학교 선생님이 넌 공고에 가서 공부를 조금만 해도 최상위권 성적을 받을 수 있으니까 차라리 공고로 가라고 하셔서 공고로 갔어요."

공고에 들어가자마자 친 학업능력평가. 거기서 그는 전체 2등을 했다.

"이야, 진짜 조금만 해도 되겠다, 그런 생각이 드는 거예요. 그래서 진짜 조금만 공부했죠. 그러니까 성적이 다시 떨어졌고."

전태일의 사랑 ⫶

1967년 2월. 평화시장의 노동자들은 설을 맞아 고향에 돌아갈 생각에 들떠 있었다. '열사' 전태일은 집이 서울인데도 돈이 없어 갈 수가 없었다. 사정을 딱하게 여긴 주인이 처제와 함께 전태일에게 연휴 동안 가게를 맡겼다. 그의 나이 열아홉. 늦은 짝사랑이 그렇게 찾아왔다. 그러나 전태일은 고백의 방법을 고민하는 단계에 이르기 전에 스스로를 단속해 버렸다. 그는 일기에 자신의 처지에 사랑이란 '사치'라고, '동심을 버리고 현실에 충실하라'고 썼다. 비극적인 대목이다. 그런데 이런 종류의 비극은 꼭 처지의 결과는 아닌가 보다.

부산의 저그 전태일이 좋아오는 부산의 명물 요리, 촌닭.

부산의 전태일에게 짝사랑은 초등학교 6학년 때 스쳐 지나갔다. 같은 반 여자아이였다. 친구들에게 놀림 받을까 봐 그는 오래도록 무관심을 연기했다. 남자는 후회를 그렇게 배운다.

"일주일마다 짝꿍을 바꿨거든요. 한 주는 남자가, 한 주는 여자가 교실 앞으로 나가요. 그럼 선생님이 앉아 있는 사람 눈을 감으라 하고, 교실 앞에 있는 사람이 마음에 드는 사람 옆자리에 찾아가 앉는 거예요. 그 주는 여자가 자리를 찾아가는 날이었는데, 저는 눈 감고 기도했어요. 제발 와라, 제발."

눈을 떴을 때 그 애가 옆자리에 앉아 웃고 있었다. 기적이었다. 아니, 기도의 응답이었다. 꿈같은 한 주일이 지나갔다.

"그 다음에 남자가 마음에 드는 여자를 찾아갈 차례가 왔어요. 저는 그냥 가기만 하면 됐어요. 근데 갑자기 또 친구들이 놀릴까 봐 걱정이 되요. 그래도 걔 옆에 앉고는 싶은데……. 그래서 걔 옆 분단에 앉은 여자애 짝꿍을 하기로 했어요. 근처라도 앉고 싶어서."

그녀의 옆자리에는 똥파리라고 불리던 험상궂은 남자애가 앉았다. 배신당한 소녀는 전태일을 한번 째려보더니 책상에 얼굴을 파묻고 흐느껴 울기 시작했다. 그 후로 제대로 대화도 못 해 봤다. 곧 졸업이었다. 졸업한 후로는 연락할 기회가 없었다.

"아, 아직까지도 가끔 생각나요. 그 애 흐느끼는 모습……."

'열사'의 단호한 결심과는 반대로 현실을 버리고 동심에 너무 충실했던 그의 짝사랑 역시 그렇게 실패로 귀결하였다. 짝사랑이 현재진행 중인 평택의 전태일은 이를 반면교사로 삼아야 할 것이다. 좋아하는 사람 있냐는 질문에 그는 이렇게 답했다.

"동갑내기인데요, 저랑 같이 교회 초등부 교사를 맡고 있거든요. 막 예

쓰다기보다는 뭔가 끌리는 게 있어요."

"좋아하는 거 그 사람이 눈치 챘어요?"

"아마 그럴 걸요. 맨날 같이 다녀서 사람들이 사귀냐고 물어보거든요."

"누가 아까워요?"

"여자가 아깝죠."

"고백은 언제 하려고?"

"떨려서 맨정신엔 못하겠고, 군대 가기 전에 지르려고요."

"그러다 잘돼 버리려면 어쩌려고. 한시라도 바삐 지르세요."

"저도 그 생각은 하는데, 그게 막상……."

전주의 '탤쿤' 전태일과 청계천의 '열사' 전태일 동상.
데이트 중 여자친구가 찍어준 사진.

당연히, 짝사랑만이 슬픈 사연을 지닌 건 아니다. 전주의 전태일은 한 여자를 두고두고 연모하는 순정파다. 그는 소개팅에서 만난 간호사와 2년 반을 사귀었다. 너무 좋아했던 사람이었다. 그녀는 어느 날 갑자기 그를 떠나갔다.

어느 날 갑자기.

"이유도 없이요?"

"네. 저랑 헤어지자던 사람들은 항상 이유를 이야기 안 해줬어요. 그때가 PC방 알바 하던 즈음인데 오죽 답답했으면 사장님 붙잡고 하소연을 했으니까."

전태일은 6개월 동안 하루도 빠짐없이 똑같은 문자메시지를 보냈다. 기다리겠다고. 6개월 만에 연락이 왔다. 그렇게 그녀를 다시 만나게 됐다. 감격에 겨워 그녀를 붙들고 다그쳤다. 왜 이제 돌아왔니, 얼마나 힘들었는 줄 아니, 왜 이제 와서……. 그녀는 여전히 이유를 말하지 않았다. 그리고 다시 한 달 만에 그를 떠났다. 보다 못한 전태일의 친구가 고백했다.

"남자 생긴 것 같더라. 누가 차로 태우고 가는 거 내가 봤다. 전에도 다니던 병원 의사랑 그런 일 있었단 이야기 들었어."

그 밤을 술로 지새웠다. 동이 틀 무렵 추적추적 비가 내리기 시작했다. 그는 집으로 돌아가지 않았다. 그녀가 일하는 병원으로 갔다. 거기서 몸으로 비를 맞으며 서 있었다.

"뚱뚱한 아저씨 하나가 제 옆에 우산을 들고 서 있더라고요. 애인이랑 통화하고 있었어요. 그러다 마지막에 제 여자친구 이름을 불러요."

"그래서 어떻게 했어요?"

"그날 밤 친구들이랑 저수지로 갔죠. 깊은 물을 보면서 거기다 돌을 던졌어요."

"물에다? 그걸로 화가 풀려요?"

"막 소리 지르면서 던졌어요. 아주 세게."

항상 연애에 실패하는 이유가 뭘까. 필요하지만 자신에게 없는 것 때문에. 전태일은 그것이 돈이라고 생각한다.

"언젠가 다른 여자친구가 이런 말을 한 적이 있어요. 나도 남자친구한테 선물을 받고 싶어. 구두도 받고 싶고, 가방도 받고 싶고, 그걸 가지고 가서 친구들한테 자랑도 하고 싶어. 그런데 제가 선물을 안 한 게 아니거든요. 많은 걸 줬어요. 다 제 손으로 만들어 준 거지만. 제가 군에서 보일러정비기능 자격을 땄거든요. 여자친구 부모님 집 보일러도 고쳐줬어요. 그래서 정말 속상했어요. 앞으로 정말 열심히 일할 거예요. 평생 함께 할 누군가에게 후회 없이 잘해 줄 수 있는 환경을 마련하고 싶어요. 앞으로 만날 사람에게, 지금 제가 이렇게 노력하고 있다는 걸 말해 주고 싶어요."

반면, 인천의 전태일은 연애에 있어서도 다른 전태일들과는 그 수완과 배포를 달리한다.

전태일의 일과는 아침에 직원들과 함께 창고의 물류를 트럭에 옮겨 싣는 것으로 시작한다. 예나 지금이나 그렇다. 한번은 매일 그 시각 즈음 창고를 지나 출근하는 여자에게 직원 한 명이 홀딱 빠져 버렸다. 직원은 전태일을 붙들고 그녀의 뒷모습을 가리키곤 했다.

"진짜 괜찮지 않아요?"

"응, 괜찮다. 가서 말 좀 걸어."

"봐서……."

"내가 해 줘?"

"정말요?"

전태일은 그대로 여자의 뒤를 밟아 직장까지 쫓아갔다.

"회사 앞에서 여잘 불러서 뒤돌려 세웠지. 그 다음에 내 친구가 당신이 마음에 든다는데 한번 만나 보겠냐, 그 말을 해야 되는데…… 여자가 진짜 괜찮은 거야. 나도 모르게 다른 말이 튀어나오더라고."

전태일은 말했다.

"죄송하지만 저녁에 저랑 차 한잔 하실래요?"

그녀는 흔쾌히 웃으며 응답했다.

"그러죠, 뭐."

후에 그녀는 전태일의 아내이자 두 아이의 어머니가 된다. 이야기의 다른 한편이 어떻게 봉합되었는지가 나는 더 궁금했다.

"그 직장 동료랑은 어떻게 됐어요?"

"아, 그 사람. 우리 결혼식에 왔지."

전태일의 노동

1970년 11월 12일, 열사 전태일은 비장한 각오로 삶의 마지막 날을 그려보고 있었다. 아마 삶의 고민이 절정에 다다른 때였을 것이다. 2009년 11월 12일. 평택의 전태일에게도 짧은 삶의 고민이 절정에 이른 때가 찾아왔다. 수학능력평가  일이었다. '열사'와는 달리 그날 '병아리'의 고민에는 명백한 답이 정해져 있었다. 다섯 개 중 하나였다. 그날은 전태일에게 삶의 마지막도 아니었고 가장 격한 국면도 아니었다. 시험이 끝나고 집으로 돌아오면서 태일의 가슴을 허무함이 엄습했다. 그때는 누구나 비슷한 질문을 하나 보다. 이제 뭘 하지?

시험장 앞에서 기다리던 아주머니 한 분이 전태일을 낚아챘다. 그녀는 물었다.

"학생, 아르바이트 구하지?"

망설일 게 없었다. 그의 첫 노동이었다. 일은 그날 바로 시작됐다.

전태일이 나간 곳은 출장뷔페였다. 요리를 제외한 모든 일을 혼자 다 했다. 식탁과 의자를 옮겨 세팅을 하고, 음식을 배치하고, 식기와 술을 식탁 위에 올렸다. 거기까진 일이 아니라 준비다. 진짜 일은 진득하게 앉은 손님들이 엄청난 속도로 쏟아 내는 접시를 수거하는 것이다. 시급 4,000

원. 유일한 낙은 밤 10시 이후 손님이 먹고 남은 음식을 먹을 수 있다는 것. 그도 며칠뿐, 눈이 먼저 질린 음식은 곧 입도 반기질 않는다. 그가 묘사한 출장뷔페의 하루는 아래와 같다.

오후 1시. 전화벨이 울린다. 태일은 망설인다. 받기 싫다. 그는 결심한다. 받지 말아야지. 그리고 수화기를 든다. 수화기 저편에서 말한다.

"태일이냐?"

"네, 사장님."

"오늘 뷔페 예약 들어왔다. 올 수 있냐?"

"몇 명인데요?"

"150명 정도."

"헉."

"뭐가 헉이야."

"혼자 어떻게 커버해요, 150명을. 50명 이상은 무리예요."

"니가 못하면 나는 하냐? 난 어쩌라고."

"그럼 친구 데려갈게요. 친구도 시급 쳐줘요."

"알았다."

태일은 친구와 함께 뷔페가 열릴 장소에 도착한다. 엄청나게 넓다. 일단 둘이서 바닥을 닦는다. 걸레를 들고 나란히 전진. 친구의 불평은 벌써 후회에 다다르고 말았다. 사장님의 지시가 떨어졌다. 걸레를 구석에 세워두고 둘이서 테이블 양쪽을 잡고 나른다. 하나, 둘, 셋, 넷……. 150명이 앉을 수 있을 때까지. 테이블마다 테이블보를 씌운다. 테이블보 다음에는 휴지, 휴지 다음에는 병따개, 병따개 다음에는 콜라, 소주, 맥주. 마지막으로 기본 안주가 자리마다 하나씩 돌아간다. 이것저것 나르다 보니 어느새 개장 30분 전이다. 이제 불을 올려 음식을 데운다. 음식을 담은 뷔페 용기의 뚜껑을 열어둔다. 그 앞에 접시를 산처럼 쌓아 올린다. 손님들이 들어온다. 테이블마다 늘어나는 빈 접시의 양에 가속이 붙는다. 접시를 치우기에도 바쁘지만, 접시를 치울 때 보이는 테이블 위의 쓰레기를 그냥 둬서는 안 된다. 이것도 치워드릴까요? 그 말은 규칙이다. 식사는 길다. 가끔 팁을 주는 손님들이 있어 힘이 된다. 그러나 가끔 있다. 정말 가끔이다. 손님들이 하나둘 일어선다. 그들의 식사가 끝나면 태일의 식사 시간이다. 사장이 말한다. 자, 마음껏 먹어라!

메뉴는 남은 음식이다. 두 접시 비우고 사무실로 간다. 2인용 소파에 친구와 나란히 앉는다. 곧 사장이 들어온다.

"오늘 얼마지?"

태일은 시계를 본다. 11시 30분. 일은 6시 20분에 시작되었다. 애매하다. 그는 대답한다.

"6시 30분부터 다섯 시간요."

돈을 받고 사무실을 나와 버스정류장에 선다. 주머니의 돈을 만지면서 버스를 기다리는 시간이 제일 좋다. 그때는 아주 기분이 좋다. 친구도 좋아한다. 그래도 다시 도와주진 않을 것 같다. 집에 도착하자마자 태일은 곯아떨어진다. 느지막이 일어난다. 오후 1시 즈음 되면 전화벨이 울릴까 봐 두렵다. 오늘은 왠지 200명쯤 예약했을 것 같은 예감이다. 그는 결심한다. 오늘은 받지 말아야지, 절대로 받지 말아야지. 곧 전화벨이 울린다.

전태일이 당시 일기를 썼다면 아마 이와 비슷한 내용이지 않았을까.

미싱 여섯 대에 시다가 여섯 명, 그 사람들이 해야 할 걸 나 혼자 다 해 주어야 하니. 다른 집 같으면 재단사, 보조, 시아게 잘하는 사람 세 명이 해야 할 일을 나 혼자 하니 정말 고통이 이만저만이 아니다. 언제나 이 괴로움이 다 없어지나……. (전태일, 1967년 3월 17일 일기)

힘들게 벌어 봐야 돈 아낄 줄도 알게 된다고 하는데, 그의 경우는 반대였다. 그는 자신의 처절한 노동의 대가가 6만 원으로 누적될 때까지 인내심으로 버텼다.

"돈 버는 건 쉽지가 않구나. 정말 너무 힘들구나. 그런 생각하면서 한 달간 일했을 때 받을 돈을 계산해 봤거든요. 그냥 안 되겠다 싶었어요. 그때부터는 벌면 되는대로 다 썼어요."

공교롭게도 내가 전태일을 만난 날은 바로 그의 새 아르바이트 면접이 있는 날이었다. 평택 역사의 백화점 식품관에 일자리가 하나 나왔다. 패션에 관심이 많은 그가 원한 곳은 1층의 신발 가게이지만 거긴 이럼이 없었다. 그는 음식 파는 일은 넌덜머리가 난다 했다. 나는 면접 장소까지 따라가며 전태일의 모습을 카메라에 담았다. 검은 양복을 입은 매니저가 다가와서 물었다.

"뭘 찍으셨죠? 확인해도 될까요?"

나는 찍은 사진을 디스플레이에 띄워 보여 주었다. 넌덜머리가 나는 요식업의 세계로 터덜터덜 다시 돌아가는 전태일의 침울한 모습. 고개를

살짝 돌린 채 지어 보이는, 그 오묘하게 체념적인 미소. 숨통을 조여 오는 슈퍼마켓의 화려한 먹을거리들! 페이소스가 있는 장면이다. 나는 그 사진이 마음에 들었다. 매니저는 전태일의 뒤로 초점을 잃고 뭉개진 과일 더미를 가리켰다.

슈퍼마켓 면접을 보러 떠나는 '병아리' 전태일의 씁쓸한 모습.

"상품 진열은 보안이 적용되는 저희 회사의 정보입니다. 제가 보는 앞에서 사진을 지워 주세요."

그리하여 나는 그 모습을 전하지는 못한다.

40년 전, '열사' 전태일은 근무시간을 단축하기 위해 투쟁했다. 하루 열다섯 시간의 중노동. 그것은 가축도 견뎌내지 못할 가혹한 노동조건이었다. 시대는 변했다. 자본주의는 진화했다. 그것을 자본주의의 성숙이라고 부를 수 있을지는 모르겠다. 노동을 자본으로 환치하는 공식은 더 이상 통용되지 않는다. 이제 양항은 '노동 < 자본'으로 표식되는 명백히 부등한 관계다.

부산의 전태일은 극장에서 하루 최소 여섯 시간을 일한다. 시급은 4,000원이다. 이 시대의 아르바이트생들은 40년 전과 달리 조금이라도 더 일하길 원한다. 4,000원의 시급으로 하루 여섯 시간을 일해서는 마땅히 생

친구와 통화하는 전태일. 낯을 가리는 그는 쉽게 말문을 열지 못했다. 나는 근처에 있다는 친한 친구를 부르도록 했다. 사정을 들은 친구는 쑥스럽다, 라며 전화를 끊은 후 연결되지 않았다. 자본주의 아래 노동환경의 겉모습이 바뀌듯이 부산의 사나이 문화도 시대를 따라 변화하고 있다.

활할 만한 급여가 되질 않는다. 특히 전태일처럼 학비를 스스로 마련해 온 학생에게는. 어차피 출근했다면 여덟 시간 이상은 했으면, 하는 게 모든 아르바이트생들의 바람이다. 그러나 극장에서 하루 여덟 시간을 넘게 일하는 사람은 본 적도 없다. 그전에 매니저들이 서둘러 아르바이트생들을 돌려보낸다. 여덟 시간부터는 노동자에게 의무적으로 식사비와 한 시간의 쉬는 시간을 제공해야 하기 때문이다. 여덟 시간 이하로 돌려 막을 수 있도록 아르바이트생들의 근무 일정을 타임테이블 위에 공학적으로 배치하는 기술이 바로 극장 운영의 묘이다.

"그럼, 밥은 못 먹나요?"

"네."

"자기 돈 내고도 식사할 시간이 없어요?"

"밤 근무 중에 몰래 컵라면 먹은 친구들이 있었는데, 매니저가 그날 바로 잘랐어요."

"컵라면을 먹었다는 이유로 잘랐다고요? 진짜 나쁘다."

"매니저한테 인간적으로 문제가 있는 건 아니에요. 그게 회사와 아르바이트생의 어쩔 수 없는 관계죠. 우리는 일하는 게 일이고, 매니저는 우리를 감시하는 게 일이잖아요. 사이는 안 좋아도 나쁘다곤 생각 안 해요."

극장 구석구석에 설치된 폐쇄회로 카메라는 아르바이트생들을 향하고 있다. 언제나 아르바이트생을 향하고 있다. 그것은 사무실에 앉아 있는 매니저의 공간적으로 연장된 시선이다. 그 시선은 예측불능의 범죄가 아닌 일상적인 노동력 손실을 예방한다.

이미 말했듯이 떠나버린 어머니의 추억과 결부된, 극장에 대한 전태일의 애정은 각별하다. 극장 아르바이트를 시작할 때, 그의 꿈은 자기 극장을 갖는 것이었다. 스크린 앞의 내밀한 공간. 기억 그 자체가 조각된 성스러운 어둠. 계속 일하면 아르바이트생에서 매니저가 되고, 매니저로부터 극장주가 될 수 있다는 꿈을 꿨었다. 자신이 소유한 극장 맨 앞자리에서 어머니와 단 둘이 손잡고 앉아, 낡은 〈하면 된다〉 필름을 다시 돌려 보는 광경이라도 상상했던 걸까? 하지만 그것도 옛날이야기다. 극장 운영의 본질이 단지 영화가 좋아 몰려든 저임금의 아르바이트 노동력을 어떻게 관리하느냐에 달려 있다는 것을 깨닫게 된 후 전태일은 그 꿈을 포기했다. 그의 꿈을 성취하려면 누군가를 핍박하고 누군가를 착취해야만 했다.

"그렇겐 못 살 것 같더라고요. 그렇게 평생 살기는 인간적으로 힘들 것 같았어요. 하지만 그래도 영화가 좋아서, 지금은 갈등하고 있어요. 서울 올라가서 차라리 촬영 쪽부터 배워서 영화 제작일을 해볼까 하고……."

40년의 시간차. 똑같은 깨달음의 한발자국. 평화시장의 시다로 노동을 시작한 '열사'의 꿈은 재단사가 되고 자신의 공방을 갖는 것이었다. '저그' 전태일의 꿈이 어머니와 함께 찾았던 남포동의 극장에서 비롯되었듯, '열사'의 꿈은 어린 시절 돌던 아버지의 재봉틀로부터 잉태되었을지도 모를 일. 그러나 정작 재단사가 되었을 때, 열사는 그것만으로는 충분치 않다는 것을 알게 됐다. 결코 충분치가 않았다. 그의 영혼은 사업주의 편에 서서 직공들을 '관리'하는 일에 적합하지 않았던 것이다. 그는 어떤 재단사도 걷지 않았던 길을 택했다. 그 후의 이야기는 역사로 쓰였기에 우리모두가 다 안다. 그는 자신의 꿈뿐만 아니라 노동의 역사를 바꾸었다.

한때 술집의 매니저로 등극하여 권세를 누렸던 전주의 전태일. 그러나 왕은 손님이었다. 술집의 드럼을 마음대로 연주하던 취객을 제지하다 드럼스틱에 두들겨 맞은 후, 그는 그곳을 빠져나왔다. 그의 다음 직장은 PC방의 야간 아르바이트였다. 낮 시간을 근무하는 사장이 출근할 때까지 PC방을 돌보는 일이었다. 사장은 첫날부터 교대 시간을 지키지 않았다. 전태일은 아무 말도 하지 않았다. 사장은 전태일의 눈치를 보며 교대 시간을 매일 10분씩 늦추는 실험을 해나갔다. 교대 기준 시간이 항상 '어제'였기 때문에, 밤을 새고 몇 시간씩 더 일하는 시간제 노동자인 전태일에게 추가수당조차 주어지지 않았다.

　"추석 때는 진짜 못 참겠더라고요. PC방을 저한테 맡기고 사장은 고향에 다녀왔어요. 저는 교대 시간에 나타나길 계속 기다렸죠. 추석을 다

넘기고 다음 날 오후 1시에 나타나더라고요. 스물일곱 시간 동안 PC방을 지켰어요. 제가 그랬어요. 너무하는 게 아니냐고, 오늘까지 하고 그만두겠다고. 자존심은 있는지 사장이 쳐다보지도 않고 그래라, 하고 마는 거예요."

그러나 사장은 그날 밤 근무가 끝나기 전에 전태일을 바깥으로 불러냈다. 스물일곱 시간을 기다려 줄 아르바이트생은 어디에도 없다는 결론에 도달한 것이다.

"태일아 왜 이래, 내가 앞으로 잘할게. 응?"

"전 더 못하겠는데요."

"왜 이러니, 정말."

"처음에 저 들어올 때 PC방 아르바이트 경력 없다고 시급도 깎으셨잖아요. PC방에 무슨 경력이 필요하다고. 그때 몇 달 일하면 시급 다시 맞춰 주겠다는 약속도 아직 안 지키고 계시잖아요."

"아, 그거 때문에 그래? 내가 다 맞춰 줄게. 주변 PC방 시급 다 알아보고 내가 거기에 맞춰서 줄게. 그럼 되잖아. 계속 하자, 응?"

"그럼 저는 그냥 주변 PC방에서 일할래요."

"아잉."

"내일까지 생각해 볼게요."

다음날 전태일은 사장에게 더는 못하겠다고 통보했다. 대신 다른 아르바이트생이 구해질 때까지는 자리를 맡겠다고 했다. 의외로 사장은 선뜻 그러라고 했다. 후임은 나타나지 않았다. 그는 8개월을 그곳에서 더 기다리다 나왔다.

좋은 기억도 있다. 특히 영어유치원 보조교사로 일하던 때 만난 아이들이 기억에 남는다.

"생각 없이 말한 적이 있거든요. 착한 일하면 사탕 하나씩 준다고. 그 다음 날 애들 버스에 태워 집에 보내는데, 하나씩 제게 다가와서 이야기하는 거예요. 오늘 했던 착한 일을. 뭉클했죠."

"술집, PC방, 영어유치원. 다양한 곳에서 일했네요."

"전 해야 했어요. 학비를 항상 제가 댔어요. 그래서 공부하려면 공부할 기간만큼 먼저 일을 해야 했거든요. 고시생인 지금도 그래요."

한편 아르바이트 업계의 엘리트, '더러운 청년' 전태일의 노동 경력은 결국 정규직 직장으로 귀결되었다. 대기업 조선소에 배선공으로 입사한 그의 하루는 오전 7시에 공장으로 출근하며 시작된다. 곧바로 직원식당으로 가서 줄을 선다. 식사는 삼십 분 안에 끝나야 한다.

"삼십 분요?"

"군대랑 비슷하다고 생각하시면 되요."

7시 30분부터 직원조회가 있다. 거기까지도 군대와 비슷하다. 현장 책임자가 그날 작업에 대해 설명한다. 무엇을 해야 하는지. 어떻게 해야 하는지. 그리고 지켜야 할 안전수칙을 환기시킨다. 마지막 대목은 매일 같다. 8시에 직원들은 각기 작업장으로 이동한다. 그러면 일이 시작된다. 일이 시작되면 계속 일만 한다. 건조된 배의 지하층은 사우나와 비슷하다. 어둡고, 축축하고, 환기가 거의 되지 않는다. 일반인들은 잠시 버티기도 어려운 환경이다. 일이 끝날 때까지 자리를 벗어나기가 어렵다. 군대와 똑같아서 함부로 나가면 탈영이나 다름없기 때문이다. 직원이 자리에 보이지 않으면, 현장 관리자가 거제도에 위치한 수많은 협력사들에 전화를 돌려 수색에 나선다. 섬이라는 환경조건은 이때 현장 관리자의 불편을 덜어 준다.

12시부터 1시까지가 점심시간이다. 나와서 햇빛을 쐬고, 모여서 담배를 태운다. 1시부터 다시 오후 근무가 시작된다. 선내 '사우나'의 온도는 이때가 절정이다. 배선공들의 땀이 비 오듯 쏟아져 내린다. 막 건조된 배를 침수시킬 것처럼.

5시까지가 정규 근무시간이지만, 대개는 6시까지 일한다. 6시부터가 저녁시간이기 때문이다. 그리고 6시부터 한 시간 동안 저녁식사를 한다. 그는 말한다.

"그냥 일, 밥, 일, 밥이에요. 특별할 건 없죠."

"저녁 식사를 한 다음에는 뭘 해요?"

"야간 근무를 하거나 기숙사로 돌아가 쉬죠. 보통은 야간 근무를 해요. 저도 입사한 이래 며칠 빼고 다 야간 근무를 했어요."

문득 강제적인 야간 노동에 시달렸던 '열사'의 과거가 떠올라 나는 물었다.

"그건 선택적인가요? 혹시……."

"100프로 선택이죠. 다들 야간 근무를 하고 싶어 해요. 어차피 외지섬에 갇혀서 일 안 하면 뭐하겠어요. 기숙사에 있어도 거기도 결국 회사안이잖아요. 같은 시간 동안 기숙사 대신 배 안에 있으면 그만큼 돈도 나오고 좋죠 뭐."

"안 힘들어요?"

"저는 체력이 좋아서 그런지 별 문제 없는데, 지쳐 하는 친구도 있어요."

"매일 야간 근무를 한다면서 정말 견딜 만해요?"

"여름엔 땀을 많이 흘려 찝찝하다, 그냥 그런 생각하죠."

"기숙사에선 어때요? 다들 친하게 지내나요?"

"공동체 의식 같은 건 별로 없는 것 같아요. 일의 특성상 다쳐서 나가는 사람이 많아요. 그래서 기숙사 멤버도 자주 바뀌거든요. 그냥 어른들이 아랫사람을 가끔 다독이는 정도?"

"그럼 기숙사에 들어가면 뭐해요?"

"술이죠. 오직 술. 야간 근무가 없을 때는 7시부터 다들 방에 드러눕죠. 그리고 잠들 때까지 맥주 마시면서 담배를 피워 대죠."

"야간 근무가 있을 때는요?"

"조금은 다르죠. 야간 근무일에는 일단 10시까지 일하고 들어가서 방에 드러눕죠. 그리고 잠들 때까지 맥주 마시면서 담배를……."

그가 드물게 낙천적인 사람이라고 말했던가? 그는 희한하게 낙천적인 사람이다. 자기 일에 완전히 만족하는 괴짜다. 심지어 지금까지 여러 일을 하면서 불만을 가져 본 적이 한 차례도 없다고 했다.

"저는 단순한 사람이에요. 힘든 건 차라리 여자 문제 쪽이었죠."

하지만 그래서는 이야기가 되지 않았다. 나는 악마를 불러내는 주술사처럼 그의 부정적인 무의식을 끌어내려고 안간힘을 썼다. 이봐요, 정신차려, 당신은 노조도 없는 회사에서 일하고 있잖아! '그래도'로 시작하는 문장을 연신 던지다가 먼저 간파 당한 건 내 쪽이었다.

"몸을 쓰는 위험한 일이고 바깥에서 보면 어떻게 이렇게 일하냐, 싶을 수도 있겠다는 생각은 드네요. 저는 노동환경 개선이나 그런 것보다는 그냥 관리직 윗사람들의 따뜻한 한마디면 충분할 것 같아요. 수고했다, 한마디만 해도 되는데 오히려 화풀이 하고 욕질하는 윗사람들이 있어요. 힘들지 않냐, 물 한잔 마시고 해라, 지나가는 말만 해 줘도 일을 더 열심히할 텐데. 기분도 좋잖아요. 조금만 더 인간적으로 대해 준다면……."

"바로 그거예요!"

"그래도 예전에 백화점에서 일할 때 생각해 보면, 세일 시즌에는 강제 연장 근무도 시키고 그랬거든요. 손님도 매출도 없는 시간대까지 주부 직원들이 자리 지키면서 애들 얼굴도 못 보고 그랬어요. 저는 차라리 좋은 직장에 있는 거죠."

"아, 네……."

그 이야기는 거기서 끝났다.

아무래도 인천의 '고용주' 전태일에게는 거제도의 '더러운 청년' 전태일 같은 직원이 필요할 것 같다. 고용주의 입장에서, 그는 20대의 피고용인들에게 불만이 많다. 그가 보는 요즘 사람들은 잠시 지나가는 어려움을 견뎌내지 못할 만큼 나약하다. 그래서 그는 20대를 쓰지 않으려 한다. 그들은 거래처 사람들의 싫은 소리 한마디에도 금방 나가떨어진다. 1년에 한 번 있는 회사 단합대회. 그날 불평해 오는 거래처의 담당은 어김없이 20대 직원들이다. 쉬는 날 앞서 맡은 일을 다 처리하는 게 그렇게 어려운지, 그는 이해할 수가 없다. 그의 고용 기준은 단 두 가지이다. 이직 횟수와 기혼 여부. 두 가지 사실이 사회 상식선에서 정해진 '스펙' 의 요건보다 훨씬 많은 것을 말해 준다. 이직 횟수는 인내와 성실의 척도이며, 기혼 여부는 책임감의 척도가 된다. 그것만은 확실히 믿을 수 있다.

  고용주로서의 전태일의 경력은 이른 나이에 시작됐다. 100만 원이 든 지갑을 줍고, 대우자동차에서 퇴사하고, 지갑의 돈을 며칠 만에 탕진한 후다. 우연히 부평시장을 걷다가 아는 형을 만났다. 동업을 하게 됐다. 3년 정도 일하면서 돈을 모은 그는 거래처의 편의점을 인수했다. 생각보다 장사가 훨씬 잘됐다. 월평균 1,500만 원의 수입을 올렸다고 한다. 건물주가 올리는 것보다 훨씬 큰 수입이었다. 그 사실은 문제가 됐다.

  "임대계약이 만료될 때가 되니까 건물주가 무작정 자리를 빼라는 거야. 오토바이 대리점이 거기 들어올 거래. 편의점 시공에 들어간 비용은 모두 줄 테니까 나가라고 했지."

  대항할 수 있는 법률적 수단이 없었다. 그것은 자본주의 생태계의 먹이사슬이었다. 피고용인 위에 고용주가 있고, 임대사업자인 고용주 위에는 부동산 소유주가 있다. 그는 자리를 내주고 나왔다. 오랜 시간이 흘러도 오토바이 대리점은 입점하지 않았다. 그 자리에는 간판도 바뀌지 않은 채 전태일의 편의점이 그대로 있었다. 건물주의 아들이 편의점을 관리했다. 가게를 빼앗긴 것이다.

  "주안으로 자리를 옮겨서 장사를 했지. 또 아는 사람을 만나서 동업을 하게 됐어. 이번엔 망했어. 장사하는 형을 찾아가 일을 도왔어. 친한 형이라 믿었거든. 월 70만 원을 받았어. 감사히 일했지. 다른 직원들은 150만 원을 받는다는 걸 알게 될 때까지."

장사하면서 알게 된 사람이 우유 대리점 사업을 소개해 주었다. 그는 우유 회사로 찾아갔다. 대리점 사업 허가를 받기까지 6개월이 걸렸다. 허가를 조르는 6개월 동안 엄청난 뒷돈이 회사 관리인의 주머니로 들어갔다. 6개월은 전태일이 관리인을 반쯤 죽여 놓으려고 찾아간 날까지 소요된 시간이었다.

"그리고 잘 살고 있는데 아는 동생이 나한테 준 8,000만 원짜리 수표를 부도내고 떴어. 부평 일대에서 장사하는 사람들 그놈한테 다 당했지. 수십억 해 먹고 해외로 간 거야. 대우자동차 부도났을 때도 어려웠지. 거기 가동 멈췄을 때 부평은 쑥대밭이었어. 점포마다 들리는 사람이 없었으니까."

빈부 격차의 연쇄적인 삼투압은 자본주의의 불균형을 영속화하는 관성을 부여한다. 40년 전, 평화시장의 노동자였던 '열사' 전태일은 고용주들의 탐욕과 착취를 고발하고자 했다. 나는 평화시장 고용주들의 항변을 들어 본 적은 없다. 하지만 적어도, 오늘날의 '고용주' 전태일이 탐욕과 착취의 종착점에 살고 있는 것처럼은 결코 보이지 않는다. 그의 삶은 더 큰 자본과 더 큰 권력, 그리고 더 큰 악의에 의한 착취로 얼룩져 있다. 그가 술회하는 과거는 완연한 피해자의 것이다. 그렇게 세상은 상대적인 약자와 상대적인 빈부 격차로 남김없이 메워져 있다. 그래서 모든 단계의 착취

역시 상대적으로 정당화된다. 이 사슬 속에서 비난의 기점은 어디부터일까? 어쩌면 빈부 격차란 자본주의의 결과가 아닌 본질이 아닐까. 내리막을 스스로 굴러가는 공처럼, 사실은 빈부 격차라는 불균형이야말로 체제를 정당화하고 끊임없이 돌아가게 만드는 동력으로 작용하는 게 아닐까.

너는 나다 : 우리 시대 전태일을 응원한다

서울로 돌아간다. 창밖으로 철로가 끝없이 달린다. 전신주가 심장 박동처럼 규칙적으로 스쳐 지나간다. 사실 무엇을 적게 될지는 처음부터 알고 있었다. 평범하거나 평범했을 많은 사람들. 나는 그들을 떠올렸다.

평택의 전태일은 아나운서가 되고 싶다. 부산의 전태일은 영화를 만들고 싶다. 전주의 전태일은 이미 치른 검찰 공무원 시험 결과를 기다리고 있고, 거제도의 전태일은 대구뽈찜 가게를 차려 손수 만든 요리를 친구들에게 대접하고 싶다. 그에겐 사람이 재산이다. 인천의 전태일의 꿈은 이미 다음 세대를 향하고 있다. 희망을 이야기하는 그의 언어는 '나'를 주어로 시작하지만 어느새 아들과 딸에 관한 술어로 끝난다. 그들의 꿈은 고요하고 소소하며 현실의 단단함 위에 서 있다. 그들은 스스로 평범하게 살아왔다고 말한다. 한때는 세상의 모든 전태일이 평범했다. 평화시장에서, 전태일은 평범한 재단사가 되고 싶었다. 그것은 최소한의 꿈이었지만, 그의 시대는 그만큼도 관대하지 못했다. 그리하여 전태일은 세상 모든 사람들의 평범한 행복을 누릴 권리를 대변해 목숨을 던져 시위했다. 1970년 11월 13일이다.

한 노동자의 죽음. 사회는 충격에 휩싸였다. 그 죽음은 눈가리개로 옆을 가리고 성장을 향해 말없이 달려온 우리 사회에 던져진 최초의 질문이었기 때문이다. 놀라운 일은 전태일의 죽음이 아니라 그 후부터 일어났다. 각계각층의 사람들이 '대답'하기 시작한 것이다. 그가 죽은 지 사흘만에 대학생들이 거세게 일어나 전태일의 추모제를 열고 개발독재를 거부하는 투쟁을 시작하였다. 열흘 후에는 이 투쟁에 종교인들이 합류하였고,

서울로 돌아간다. 창밖으로 철로가 끝없이 달린다.

전신주가 심장박동처럼 규칙적으로 스쳐 지나간다.

사실 무엇을 적게 될지는 처음부터 알고 있었다.

평범하거나 평범했을 많은 사람들. 나는 그들을 떠올렸다.

1970년이 다 가기 전에 쟁의는 전국의 노동자들에게로 확산되었다. 언론 역시 더 이상 이 문제를 피해갈 수 없었다. 1971년 겨울, 대통령 선거를 앞두고 노동 문제는 드디어 가장 중요한 정치적인 쟁점의 하나로 우리 역사에 편입한다. 대통령 후보인 박정희와 김대중이 동시이자 최초로 노동환경 개선에 관한 공약을 내걸었던 것이다.

한 노동자의 질문이 가져온 질문에 왜 그 많은 사람들이 대답하였던 것일까? 40년이 지난 지금, 우리는 왜 그 질문을 아직까지 기억하며 여전히 대답하고 있는 것일까? 그 단서는 전태일의 유서에서 찾을 수 있다.

나를 모르는 모든 나여, 부탁이 있네.
나를, 지금 이 순간의 나를 영원히 잊지 말아주게.
……그대들이 아는, 그대들의 전체의 일부인 나.

('열사' 전태일의 유서에서)

나를 모르는 모든 나, 그대들의 전체의 일부인 나. 유서는 전태일을 모르는 모든 우리에게, 우리 선체의 일부인 전태일이 보낸 편지였다. 결국 그 죽음은 한 노동자의 죽음이 아니었던 것이다. 전태일은 전태일을 위해 죽지 않았다. 생각해 보라. 누구도 스스로를 위해 죽을 수는 없다. 그것은 죽음의 정의에 위배된다. 왜 재단사의 죽음이 사회적 기억 속에서 40년이 지나도록 지워지지 않는가? 그러므로 우리의 대답은 이렇다. 우리가 상속인이기 때문이다. 한 명이 살았던 시간은 시대 뒤로 겸허히 물러나지만 삶과 노동의 조건은 순환하기 때문이다. 인간의 삶은 계속된다. 그것이 바로 윤회의 사회적 의미이다. 우리는 앞선 시대로부터 비롯된 사소하거나 중요한 변화들을 완전하게 상속했다. 전태일은 모든 전태일의 적자이다. 그리고 우리는, 단지 가진 이름이 전태일과 다를 뿐이다. 이 이야기는 '전태일 씨, 지금 잘 살고 있습니까?'라는 질문에서 시작되었지만, 이제 질문을 올바르게 고쳐 써야 할 차례다. 내가 원한 질문은 이것이었다.

우리는, 지금 잘 살고 있습니까?

"형제에 대한 특별한 기억이 있나요?"

"누나가 일찍 직장에 들어가면서 야간고등학교에 다녔어. 어느 날 아버지가 형과 나한테만 용돈을 준 거야. 우리 둘은 아직 학생이고, 누나는 직장인이라면서. 누나도 원해서 야간고등학교에 간 건 아닌데, 엄청 서러워했어. 그런데도 형과 나를 경양식 집에 처음 데려간 건 누나였어. 직장 약속 때문에 가 봤는데, 정말 맛있다면서. 그때 돈까스를 먹어 봤지."

● 인천의 전태일

"입대 직전에 여자친구한테 덜렁 문자메시지가 왔어요. 미안하다. 나 못 기다리겠다. 헤어지자."

"아니, 전화가 아니라 문자 메시지로? 괜찮았어요?"

"그냥 들어갔어요. 죽고 싶다고 생각하면서. 그런데 정작 군대에서 첫날밤을 맞았는데 헤어졌던 여자친구 생각이 하나도 안 나는 거예요. 아버지, 어머니 얼굴만 떠오르고. 그때 가족이 이래서 소중하구나 깨닫게 됐어요."

● 부산의 전태일

"이름이 전태일이라 생겼던 특별한 에피소드가 있어요?"

"특별한 일은 없었고요. 국사 선생님이 '전태일'에 대해 자주 이야기했는데 그때마다 가슴이 두근거렸던 게 생각나요. 나랑 같은 이름을 가지고 태어난 사람인데, 내가 아무리 열심히 살아도 저 사람 만큼 유명해질 순 없겠구나, 그런 느낌?"

● 전주의 전태일

"전태일이란 이름을 가진 사람을 찾는다는 광고를 인터넷에서 봤어요. 도우려고 저도 싸이월드에서 전태일 몇 명을 찾았어요. 지금은 제 일촌들이에요."

● 평택의 전태일

"한번은 식중독으로 보름간 누워 있는데 친구들이 억지로 저를 끌고 나갔어요. 어쩌다 보니 술까지 마시게 됐고. 다음 날 일어났는데 거짓말처럼 식중독이 나은 거죠. 그때부터 몸이 피곤하거나 다쳤을 때는 술을 마셔요."

"매일 기숙사 방에 드러누워서 잠들 때까지 맥주를 마신다면서요. 결국 항상 술을 마신다는 소리 아닌가요?"

"맥주 말고요, 술을 마신다고요."

● 거제도의 전태일

$$
\begin{array}{r}
4540 \\
1500 \\
\underline{200} \\
6240
\end{array}
$$

● 평화시장의 전태일, 노트 메모에서

2

나태일
& 전태일

글/이창현   그림/유희

후마니타스

태일이는 참 사람을 좋아했어야.

이 말 하니까 생각난다.

배웠다는 사람들이 나한테 와서

열사님은 어떻고 저떻고 하는데

그게 말이냐?

어느 부모에게 자식이 열사겠냐.

그냥 아들이야.

온라인 게임 〈암흑의 대륙〉
개발부

쩝.

아니, 무슨
여성 캐릭터는
다들 맷집을
타고 났어?

남성 캐릭터들은
갑옷으로 완전무장하고 있는데.
꼭 이런 식으로 그려야 하나?

맞아, 맞아.

말 한번 잘했어.

커피 한 잔
마시고 올게요.

너는 나다 : 우리 시대 전태일을 응원한다

바다나 놀러
가고 싶다.

어이~
태일이!

?

이런 데서
나태하게
있었군.

나. 태. 일.

자기도 쉬러 왔으면서.

이름은 같은데, 사람이 달라도 너무 달라.

어유, 또 시작이네.

전태일은 말이지. 스물한 살에 노동조건 개선을 위한 모임을 주도했어. 넌 그때 뭐했나?

항상 자기중심적인 녀석이니 뭐…

난 지금 전태일보다 3년을 더 살아가는 중이야.

적어도 이 면에서는 나의 승리지.

너는 나다 : 우리 시대 전태일을 응원한다

너는 무슨 말을 그리 사악하게 하나?

그러고 보니…

'전' 태일과 비교하면 '나' 태일은 이름부터 벌써 예의가 없어 보여.

"전(저는) 태일입니다."

"나 태일인데…"

안 웃기거든.

뭐 여하튼 나는 다시 들어가 보련다. 또 보자.

진심으로
패주고 싶다.

그래도...

역시 친형을
때릴 순 없겠지.

에잇!

왜 하필 같은
건물에 직장이
있는 거야?

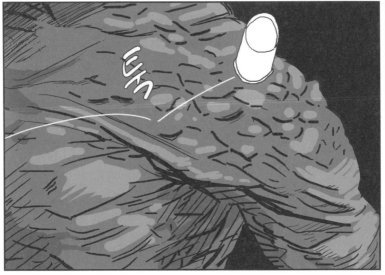

헉!
죄송합니…

너는 나다 : 우리 시대 전태일을 응원한다

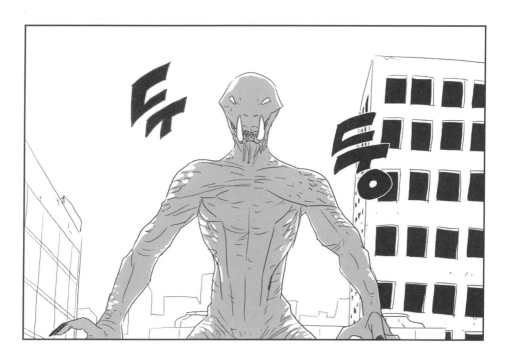

으악!
뭐…뭐야?

들어라, 지구인.

나는 너희들이
'외계인'이라
부르는 존재다.

이 책,
전태일 관련 도서 아니었어?
웬 외계인?

다른 은하계에서는
꽤 악명 높은
전투 종족의 일원이지.

뜬금없이
자기소개를 하네.

아니 그보다
한국어를 구사하고
있잖아!

나태일 & 전태일

인간과 싸우러 왔다!

무지…

무지 약한 놈이네.

하하하,
인류의 승리다,
이 지구 침공자!

너는 나다 : 우리 시대 전태일을 응원한다

그 정도 실력 가지고는 간디도 못 이길 거야.

잘못했습니다. 살려 주세요.

끼이익

어휴, 여기 있었네.

다른 지원자 면접 볼 동안 대기실에서 기다리라니깐 왜 옥상에서 자고 있어요?

둘이 아는 사이야?

아니… 네?

?

게임 프로그래밍 지원한 제달성 씨 맞죠?

엥?

이력서보다 실물이 낫구먼.

엥? 엥? 이거 외계…

저, 윤 팀장님!

태일 씨도
자리 너무
오래 비우지 마.

어유,
그게 아니라…

다음날

헉,
정말이네!

너는 나다 : 우리 시대 전태일을 응원한다

나태일,
네가 지구를
지켰구나!

말했잖아.
사람을 그리 못 믿나?

보통은 그런 이야기
안 믿을 걸?

뭐, 일단은
내 자취방에서
같이 출퇴근하고
있어.

나름 재밌겠는데?

너희 회사 사람들은
뭐라 안 해?

말도 마.
위화감을 느끼는
인간이 한 명도
없는 것 같아.

어제는 내가
용기를 내서…

저기,
팀장님!

드릴 말씀이
있는데요.

말 안 해도 무슨 소리
하려는지 알아.
새로 입사한 친구…

외…

네, 외…

…국인 맞지?
외국인!
불법체류….

엥?

사실 나도 그 문제를
지적했는데,
대표이사님이
곧바로 채용 결정
내리더라고.

뭐 이유야
예상은 되지만,
태일 씨도 그렇게만
알고 있어.

심했군.

말하면 나만 이상한 놈
취급당할 분위기라니깐.

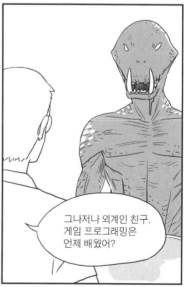

그나저나 외계인 친구.
게임 프로그래밍은
언제 배웠어?

너는 나다 : 우리 시대 전태일을 응원한다

인간이 고안한 것은
모두 원시적인 원리로
작동해서 눈 감고도 해.

으음.

그것뿐만
아니라
몇 개 국어를
하는지….

아랍어, 베트남어,
인도어, 터키어,
이란어, 몽골어,
프랑스어, 독일어,
러시아어, 스페인어,
이탈리아어,
포르투갈어,
네덜란드어…

최근에 우리 게임에 관심 보이는
러시아 회사가 있거든.

은근슬쩍 그쪽 담당까지
이 녀석한테 맡기더라고.

흠~
어쩐지 피곤한
표정이다 싶었지.

엥?
형은 표정 구분이 돼?
저거 피곤한 표정 맞아?

딱 보니 알겠던데.

외계인 친구.
그렇게 일하다간
육체랑 정신 모두 망가져.

흠, 일단
가르쳐야 해.

자기를 둘러싼 상황이
도대체 어떻게 돌아가는지는
알아야 하지 않겠어?
그래야 뭐라도
해볼 여지가 생겨.

의식 개혁이
필요하다 이거지.

역시 전태일부터
시작하는 게 좋겠군.

탕

어유,
그놈의 전태일,
그만 좀 우려먹어.

너 자꾸 그렇게
험하게 말할래?
열사한테
'그놈'이 뭐야?

직접 욕한 것도 아닌데
뭘 그리 예민하게 반응해?

다들 습관적으로
쓰는 말이잖아!

너는 나다 : 우리 시대 전태일을 응원한다

너는 자식아
그따위로
살지 마.

꽉 막혀 가지고는.

형은 무슨
전태일교
신자 같아!

그건 마치…

저학년 위인전을 갓 읽은
초등학생이 이순신을 대하는 것과
비슷한 건가?

거 봐.
분명 쟤네 종족은
인간보다 지능도 높고,
문명도 고도로
발달했을 거야.

의식 개혁은 무슨….
씨도 안 먹히겠다.

그리고 전태일은
교주도, 신도 아니야.

역사를 보면 말이야.

신이 되는
인간들이 있어.

우리도 그렇게 고귀한
인간이 되는 걸
목표로 삼아야 한다고
믿는다.

나는 목표가 달라서 그런지
못 알아듣겠는 걸?

너는 나다 : 우리 시대 전태일을 응원한다

쉽게 말해 주지.
너 좋아하던
영화 〈영웅본색〉
광고 문구 기억 나냐?

"개처럼 살기보단 영웅처럼 죽고 싶다."

너라면
안 그렇겠어?

꼭 둘 중에 하나를
선택해야 하나?

난 인간으로 살다가
인간으로 죽을래.

전태일도 그랬어.

노래는 못 부르는 편이지만
듣기는 좋아하고,

체육대회를 앞두고
설레어 하고….

맞다.
그 체육대회에 아버지가
만든 마라톤 빤쓰도
입고 나갔어.

음, 그랬지. 맞아.

나태일 & 전태일

85

전태일이 떡 다섯 개랑 물고기 두 마리로 기적이라도 행했어? 자비 털어 산 풀빵으로 시다들 먹였잖아.

...

형이 하도 강요해서 나도 『전태일 평전』 읽어 봤지.

그리고 아까 그거 〈첩혈쌍웅〉 광고 문구거든?

거기, 죽돌이 아저씨들!

다른 손님들이 무서워 하잖아요. 영업 방해야, 완전.

쩝.

미안합니다.

응?

너는 나다 : 우리 시대 전태일을 응원한다

저…저 사람은?

오!

이 아가씨 외계인이란 것 알아보나 봐.

망측하게 왜 공공장소에서 발가벗고 다녀요?

어유, 그거였어?

윽!

하여튼 점심시간도 끝나 가는데, 민폐 그만 끼치고 회사 들어가요.

내일 또 봐요.

꾸벅

나태일 & 전태일

그쪽 아저씨!

욱, 아저씨.

이 날씨에 그런 코트 입고 다니면 여고생들한테 재수 없다는 소리 들어요.

휴우, 이제 이 동네 불한당들은 제거했고.

응?

어디서 석유 냄새가 나는 것 같은데?

너는 나다 : 우리 시대 전태일을 응원한다

으, 덥다.

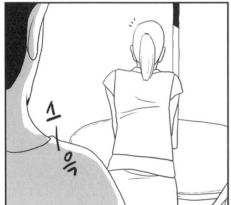

으
음

아 , 사장님.

별일 없었지?

…

무슨 일 있었어?

흠흠

어쩐지 열심히 한다 했다.
월급날이라 이거지?

그럼,
계산해 볼까?

뻑

뻑

뻑

월급 계산할 때만
심각해지는
우리 사장님~

너는 나다 : 우리 시대 전태일을 응원한다

월세, 핸드폰비, 교재비, 전기세, 식비, 교통카드대금, 흠…

화장품! 이번 달은 꼭 사야 돼. 이건 양보 못 해. 그럼 잔액…

은?

휴…, 올여름도 워터파크 가긴 글렀구나.

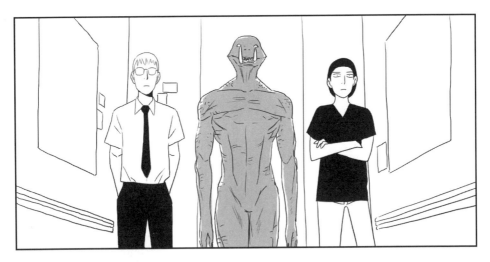

어쨌든 외계인도 먹고는 살아야 할 테니 일은 해야겠지.

그런데, 일하는 모든 이에게는 권리가 있다는 것을 꼭 알아야 해.

태일이 너도 부당한 처우에는 반대할 것 아냐?

나 이래 봐도 불의를 잘 참는 성격이야.

자랑이다.

뭐, 이것도 인연이니 네가 옆에서 잘 도와줘. 나도 협조하마.

땅

나태일 & 전태일

너는 나다 : 우리 시대 전태일을 응원한다

기획부에서
또 변경을
요구했습니다.

어유!

데드라인도
내일모레로 바뀌었으니
다들 야근 준비하고.

아악!

어유, 진짜
이렇게 갑자기
막 바꾸고 그래도
되는 거야?

너는 나다 : 우리 시대 전태일을 응원한다

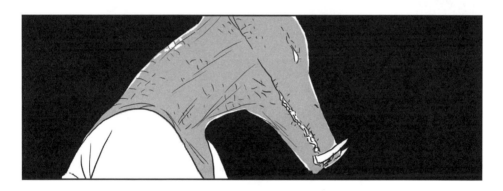

정말⋯   피곤해 보이네.

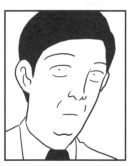

너는 나다 : 우리 시대 전태일을 응원한다

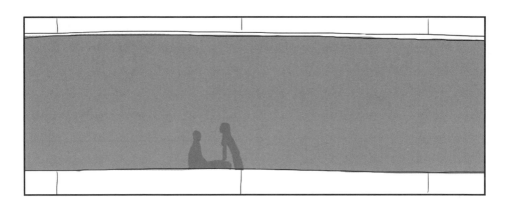

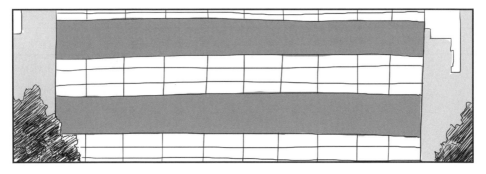

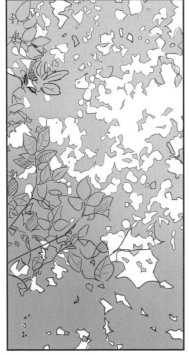

뭐 그렇게 해서 내일 오프 받아냈지.

호오, 대단하군.

그게 뭐 대수냐는 표정이네.

기껏해야 하루 휴식을 구걸한 모양새밖에 더 돼? 그래 봐야 본질은 변하지가 않아.

작은 것부터 조금씩 개선해보겠다는데 뭐가 문제야?

마땅한 걸 마땅하게 요구했을 뿐인데.

...

니는 최소한, 역사 앞에 죄인은 되지 않으려는 마음으로 산다.

어유, 오늘의 명언 나왔네.

꼭 그렇게 비장한 소리 한 번씩 날려서 사람들 주눅 들게 하지.

형 학교 다니던 시절 생각해 봐.

너는 나다 : 우리 시대 전태일을 응원한다

'역사'니 '도덕'이니 '운동'이니…

난 그 시절,
형과의 거리가
꽤 멀게 느껴졌어.

요즘이라고
달라졌을까?

나야 이제 익숙해졌고,
형이랑 공감하는 부분도 늘었지만,
잘 나가다가 난데없이
다른 사람 죄책감 들게 하는 것은
여전하지.

사람들한테 죄책감을
강요해선 안 된다고 봐.

그치?

나 같이 예민한
사람은 정신 분열
일으킬 수도 있어!

쯧, 불쌍한 지구인.

허, 이 인간들이
짜고 나왔나.

본인이 고매하게 살겠다는데 뭐라 할 순 없지만, 지인들까지 피곤하게 만들지는 말아줘.

나중에 결혼이라도 하면 어쩔 거야? 미래의 형수는 이미 마음고생 예약이다.

네가 독신주의자니까, 가끔 들러서 내 처자식도 도와주면 되겠네.

사양하겠어.

그것보다… 방금 내용은 딱 에로물 소재인데?

형과 소원해진 형수, 그리고 아우.

정말 그러네.

헛!

너는 나다 : 우리 시대 전태일을 응원한다

어유, 편의점
아르바이트생한테
야한 이야기
한다고 혼나!

이미 다 들었어,
이 지겹도록 저질인
사람들아!

거 봐.

제발 조용히 좀
있다가 가요.

이거 번번이
미안합니다.

갈 때 쓰레기는
분류해서 버리고!

아, 맞다.
너 바다 가고
싶다고 하지
않았나?

오, 그런데?

못 들은 척 하기냐?

바다는 아니지만,
야외 수영장
입장권을 얻었지.

거기 애들 바글바글한
동네 수영장이잖아.
거길 왜 가?

외계인은
가고 싶어 하는
눈치인데?

응, 응.

표도 네 장이나 있어.

흠.
남자 셋이 수영장 가는 것은
모양새가 좋지 않은데.

아니,
이 아저씨들이
실성했나?
안 가요, 안 가.

아,
대학생 친구가
하나 있었으면 원이 없겠다!

물론 여대생으로!

너는 나다 : 우리 시대 전태일을 응원한다

나태일 & 전태일

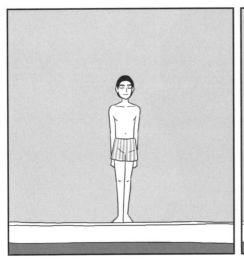
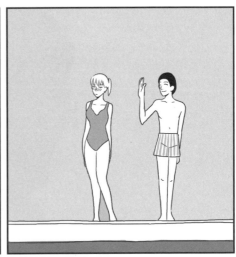

너는 나다 : 우리 시대 전태일을 응원한다

거기!

풀장에
뛰어들지 마요!

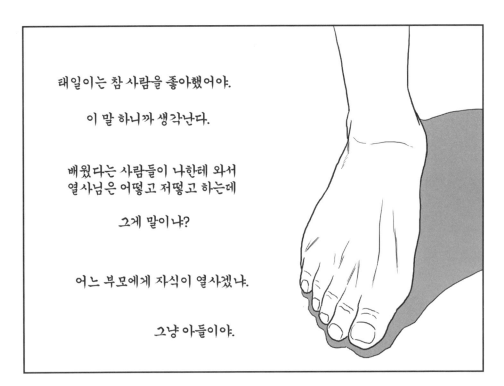

태일이는 참 사람을 좋아했어야.

이 말 하니까 생각난다.

배웠다는 사람들이 나한테 와서
열사님은 어떻고 저떻고 하는데

그게 말이냐?

어느 부모에게 자식이 열사겠냐.

그냥 아들이야.

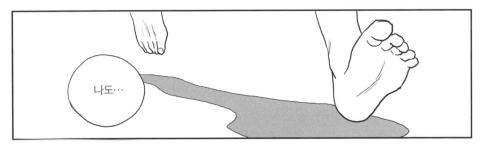

나도…

나도 같이 가!

너는 나다 : 우리 시대 전태일을 응원한다

태일이는 열사도 투사도 아닌 사람을 너무나 사랑했던 사람이야.

너는 나다 : 우리 시대 전태일을 응원한다

3

열혈
청춘

청춘일기 / 조성주

청춘수다 / 임승수

삶이보이는창

"걱정하지 않아도 돼.

우리는 어떻게든 생존할 거니까.

아니, 조금 걱정할 필요가 있을지도 모르겠다.

우리는 반드시 맞서서 싸울 거니까."

청춘
일기

조
성
주

이야기를 들려준 사람들

꿈꾸는 대학생

스물세 살. 수도권의 국립대에 다니고 있다. 강화도에서 자란 눈 맑은 '섬 소녀'가 식당 서빙, 편의점 등 각종 알바와 반지하 방, 고시원 생활 등을 거치면서 어느새 새침하고 똑 부러진 '도시녀자'가 되어가고 있다. 스스로를 20대 비주류 젊은이라고 이야기하는데 그런 눈으로 바라본 세상은 늘 섬 소녀의 마음을 섬뜩하게 한다. 오늘도 알바를 하면서 생활비와 등록금을 버는 고단한 생활을 하고 있지만 그 틈새에서도 늘 호기심을 주체하지 못해 여기저기를 기웃거린다.

홀로서기

스물다섯 살. 대학교 졸업반이다. 서울의 고시촌 빈지하방에서 후배와 함께 생활하고 있다. 남들에게 싫은 소리를 못하는 성격이라 늘 손해 보며 산다고 놀림 당한다. 착한 사람은 답답한 성격을 가지고 있다는 세상의 편견에 큰소리로 반박하지 못하지만 스스로의 성격과 삶을 바꾸지 않는 소극적인 저항을 하고 있다. 요즘엔 편의점 야간 알바를 마치고 집에 오는 길에 늘 물건을 한두 개씩 잃어버려서 심각하게 걱정이다.

레랑스

스무 살. 1년 전 들어간 대학을 몇 달 전에 스스로 그만두었다. 그렇다고 누구처럼 거창한 대학 거부 운동을 한 것은 아니다. 그냥 살고 싶은 대로 꿈꾸고 싶은 대로 세상을 살고 싶었을 뿐이다. 대학을 그만두자 당장 닥치는 것은 군대 영장과 생존을 위한 노동이라는 것을 절실히 깨닫고 있는 중이다. 세상에서 일어나는 각종 일들이 영 맘에 들지 않는 그를 두고 사람들은 '시크'하다는 표현 대신 '불평분자'라고 부른다.

아침 햇살 송

서른한 살. 대한민국 최초의 세대별 노동조합을 표방한 청년 노동조합 '청년유니온'의 위원장이다. 차기 위원장이나 간부를 노리는 조합원들이 위대한 영도력의 지도자라고 그녀에게 아부하고 있으나 정작 본인은 '독한 년'이라서 그런 거라고 말한다. 대구에서 고등학교를 졸업하고 경기도로 올라오자마자 식당, 편의점, 맥주집, 전단지 배포 등 안 해 본 알바와 노동이 없다. 청년유니온의 노동조합 설립 신고가 정부에 의해 거부당한 이후로 더 독해져야겠다고 마음먹고 조합원들을 다그치고 있다.

꿈꾸는
대학생

"치킨 있어요! 맛있고 영양 좋은 치킨을 팝니다!"

양손에 튀긴 지 한 시간이 지난 식어 버린 후라이드 치킨을 세 개씩 들고 있다. 비가 그친 지 30분도 채 되지 않아서 아직 모래사장의 모래들이 축축하다. 그래도 듬성듬성 앉아서 비 온 뒤의 뒤숭숭한 바다와 회색 하늘을 즐기는 사람들이 있기 때문에 목소리를 더 높인다.

지금, 나는 지금 강원도의 한 해수욕장에서 닭을 팔고 있다. 일당 10만 원은 챙겨 줄 수 있다는 선배의 전화를 받고도 거리가 너무 멀다고 생각해서 조금 망설였다. 그래도 당장 방학이 끝나고 새 학기가 시작될 때 살게 될 고시원 방세를 미리 마련할 수 있다는 생각이 들어 알바 자리를 승낙했다.

"얼마예요?"

"만 원이요! 얼마나 드릴까요?"

"한 마리만 주세요!"

"네! 여기 양념 소스 있구요. 맛있게 드세요!"

아침부터 내린 비에 개점휴업 상태였는데 드디어 오늘의 첫 장사를 개시했다. 다행이라는 생각부터 들었다. 어제는 비가 안 왔음에도 불구하고 10만 원어치도 못 팔았다. 어제처럼 팔아서는 나한테 남는 몫은 2만 원도 채 되지 않는다. 지금 시간이 오후 2시니까 열심히 팔면 20만 원도 넘게 팔 수 있을 거라는 생각이 든다. 일당 10만 원에 혹해서 왔는데 정작 4일 동안 번 돈이 10만 원 남짓이다. 이래서는 2학기에 살게 될 고시원 방세를 모으기는 글렀다. 그래도 선배의 얼굴을 봐서 하기로 한 날짜까지는 성실하게 할 생각이다. 물론 중간에 급하게 서울로 올라갔다 와야 하는 일이 있지만 말이다.

"많이 팔았어요?"

"아뇨! 이제 한 마리 팔았어요! 아하하."

어제 만나서 잠깐 이야기를 나눴던 사람이다. 그는 아이스크림을 팔고 있다. 반바지에 민소매 티를 입고 햇볕도 별로 들지 않는 날씨인데도 검게 그을린 피부를 가지고 있다. 치킨을 팔러 돌아다니면서 그가 판 듯한 아이스크림을 먹고 있는 사람을 꽤 봤다. 날씨가 덥지도 않은데 아이스크림은 제법 장사가 되나 보다. 나로서는 날씨와 상품 판매의 오묘한 경제학을 도저히 모르겠다.

'들치기.' 어제 그 사람이 그랬다. 우리 같은 사람들을 '들치기'라고 한다고. '들치기'란 단어를 처음 들었을 때 느낀 불쾌감이 오늘까지 남아 있다. 양아치? 소매치기? 퍽치기? 그런 단어쯤이 연상되는 말이다. 아이스크림을 파는 그의 말에 의하면 들에서 한철 장사해서 바짝 벌고, 또 장사가 되는 다른 곳으로 옮겨 다니며 사는 사람들을 말한다고 한다. '들판을 떠돌아다니는 방랑자라……!' 혼잣속으로 그런 생각을 했다. 그러나 실제 '들치기'는 그런 낭만과는 거리가 멀다. 이런 곳에서 아이스크림을 팔거나 나처럼 알바로 잠깐 치킨을 파는 것과 다르게 대부분 이 장사를 생계로 하는 사람들이다.

나를 여기로 부른 선배의 말로는 그 사람들이 파는 물건들은 대부분 문제가 있는 거라고 한다. 먹는 것들도 대부분 이상한 재료로 만든 거라고 말했다. 그러면서 나한테 절대 그런 거 사 먹지 말라고 신신당부했다. 그러면서 우리가 파는 치킨은 매일 깨끗한 기름으로 교체를 해서 튀기고 닭도 폐사하거나 그런 나쁜 재료가 아니라고 자랑했다. 평소에 거짓말하는 것을 본 적이 없는 그 선배의 말을 듣고 나자 나는 은근히 내가 파는 치킨은 깨끗하다는 자부심마저 들었다. 우습다는 생각이 들었지만 내가 맡은 일이 무엇이든 그것에 자부심을 가지는 게 중요하다는 것을 나는 오랜 경험으로 알고 있다.

어쨌든 '들치기'라 부르는 그 사람들은 그렇게 한 장소에서 한철 '바짝' 벌고 떠나야 하기 때문에 어제처럼 비가 오거나 하면 정말 생계에 큰 타격이 올 것이다. 나야 2학기 고시원 방세를 모으겠다는 꿈은 일찌감치 포기했지만 생계는 포기할 수 있는 게 아니니까. 그럼에도 아이스크림을 파는 그는 비가 세차게 쏟아지는 가운데서도 전혀 어두운 표정이 아니었다. 이런 날이 원래 하루 이틀쯤은 있는 거라고, 내일 더 많이 팔면 되는 거라고, 아무렇지도 않게 말했다. 그의 말이 낙천적으로 들리기는 했지만 희

나는 열심히 살고 있다고. 나는 조금도 유약하지 않고 어리석지도 않다고. 누가 뭐래도

나는 열심히 살고 있는 것이라고. 오늘 짐을 다 옮기고 자전거를 타고 시원하게 한번 달

리고 나면 기분이 다시 괜찮아질 거라고. 흔들리는 건 내가 아니라 세상이라고……

그래. '대한민국 주식회사'의 CEO라는 사람이 나를 아무리 비웃어도 나는 조금도 흔

들리지 않을 것이다. 그러니까 지금 잠깐만큼은 울어도 괜찮아.

망적이라고까지 느껴지지는 않았다. 어차피 한철 장사로 떠돌아다녀야 하는 삶에 낙천성은 깃들 수 있어도 희망은 쉽게 깃들지 않는다. '들치기' 인생은 그런 거겠지.

갑자기 여기 오기 전에 했던 토론 내용이 떠올랐다. 이제는 나이 40만 되어도 직장에서 안정적이지 않다고. 언제 잘릴지 몰라서 전전긍긍하다가 금방 다른 직장으로 옮기는 사람들이 많다고 한다. 1997년 IMF이후 우리 사회가 그렇게 되었다고 한다. 1997년이면 내가 경험하고 만질수 있는 세상의 반경이 걸어서 15분쯤 되는 거리 정도에 머물러 있었던 때다. 그리고 사람들은 그때부터 세상이 완전히 변했다고 한다. 불공평하다는 생각이 들었다. 20대의 나이에는 등록금을 벌고 방세를 버느라 알바를 전전하다가, 계약직이니 비정규직이니 인턴으로 떠돌다 보면 나이서른이 된다. 나이 서른을 바라볼 때쯤 그나마 취직을 해서 10년 정도 다니면 또다시 잘리지 않기 위해 다른 직장으로 옮겨 가야 한다. 그렇게 일자리를 찾아 떠돌아다니는 우리도 결국 이 시대의 '들치기'가 아닐까? 지금 나는 '들치기'다. 그리고 서울에 아직 남아 있는 내 친구들도 결국 한국사회의 '들치기들'이다.

그렇게 10여 일을 일해서 내 손에 쥐어진 돈은 30만 원 남짓이다. 중간에 서울을 한 번 다녀오느라 차비가 빠졌기 때문이다. 나는 그만하고서울로 올라가는데 선배는 며칠을 더 남아서 장사를 할 거라고 했다. 아직 햇살이 뜨거우니까 장사를 할 시간은 좀 남았을 것이다. 그래도 수도권 광역시에 있는 국립대인데 선배들은 방학 때마다 이런 알바를 한다. 방학 때만이 아니라 아예 일찌감치 장사를 시작한 선배들도 꽤 된다. 그런데 나는 그들이 자신을, 정부가 말하는 '청년 창업가'라고 부르는 것을 단 한 번도 들어 본 적이 없다. 나를 여기로 부른 선배는 우리한테 알바비를 좀 주고 아마 몇 백만 원쯤 되는 돈을 손에 쥘 수 있을 것이다. 그리고 학기가 시작되면 후배들한테 술을 몇 번 사 줄 것이고, 남은 돈으로 어학연수를 준비하겠지. 배낭여행을 한다고 했던가? 두 경우가 크게 다르지는 않을 것이다. 자기가 벌어서 다녀온다는 게 중요한 것이다.

누군가는 요즘 청년들이 도전정신이 없다고 말한다. 나는 그 말에 한 번도 동의해 본 적이 없다. 내 주변 청년들은 다들 필사적으로 살아가고 있다. 이미 대학에서 학점 경쟁을 하고 있다는 것만으로 누구나 필사적일 수밖에 없다. 그 와중에 자기가 좋아하는 취미 활동을 하는 것은 어떤가? 얼마나 필사적이면 그 엄청난 취업 준비, 학점 경쟁 속에서 취미 활동을 할 수 있지. 그게 아니면 버티지 못하니까. 꿈을 꾸는 것만으로도 필사적이어야 한다. '네가 품고 있는 것은 꿈이 아니라 현실에서는 망상일 뿐'이라고 하루하루 되새기게 만드는 이 사회에서 '나는 꿈을 가지고 있다'고 말하는 것은 필사적이지 않으면 불가능하다.

나는 필사적으로 이 사회에 맞설 것이다. 하지만 오늘은, 필사적으로 이삿짐을 날라야 한다.

대학 생활을 시작한 지 3년이 채 되지도 않았는데 도대체 몇 번째 이사를 하는 걸까? 처음 살았던 집은 고시원이었다. 한 달에 20만 원씩 내고 살았던 학교 앞 고시원은 말 그대로 '고시원'이다. 조그만 방 하나에 공동으로 사용하는 욕실과 화장실이 있는 곳이었다. 그래도 추가 요금을 내고 손바닥만 한 창이 있는 방을 얻었더랬다. 그렇게 2년을 버티다가 후배 집으로 이사를 했다.

'버텼다'는 말이 정확하다. 고개를 돌리면 바로 코앞에 있는 벽이 나를 늘 답답하게 했다. 탈출하고 싶었고, 그래서 결국 2년을 버텼고, 다시 후배 집에 얹혀살았다. 조그만 방이 있는 반지하방. 반지하 생활은 또 다른 답답함이 있었다. 밖에서 우리 집이 보일까 봐 늘 문을 닫아 두어야 했고 늘 습기 찬 방에서 살다 보니 건강마저 안 좋아지는 듯했다. 그 방마저 계약 기간이 끝나고 새로 집을 구해야 했을 때 나는 부모님께 억지를 부려서 보증금 300만 원을 받아 냈다. 그리고 보증금 300만 원에 월세 30만 원짜리 방을 구했다.

그 이후로 나는 계속해서 알바를 했다. 친구들이 모두 뒤풀이다, 데이트다 하며 흥청거리던 밤 시간에도 편의점 알바를 했고 식당에서 서빙을 하며 두 팔 벌려 가득, 쟁반에 음식들을 날라 본 적도 있다. 그렇게 해서 방세도 내고 등록금도 모아야 했다. 그런데 대통령이라는 사람이 등록금이 없다는 학생들에게 장학금을 받으면 되지 않느냐고 말했다고 한다. 장학금? 그건 알바를 할 이유가 없는 좀 있는 집 애들 이야기다. 알바를 하면서 방세와 등록금을 모아야 했던 나는 장학금은 일찌감치 포기했다. 도저히 내 몸이 버틸 수가 없었기 때문이다.

한참을 고민했다. 다시 이삿짐을 싸면서 지난 시간 고시원에서 반지하방으로, 다시 고시원으로 옮겨 다녔던 일들이 생각났다. 왈칵 눈물이 쏟아지기는커녕 왠지 모를 분노가 꽉 움켜쥔 주먹에서부터 떨리는 어깨와 뻣뻣해지는 목을 따라 스멀스멀 올라왔다. 지난번 이사 때보다 두 배쯤 늘어난 짐들을 늘어놓고 물끄러미 노려보다가 속으로 되뇌었다.

나는 열심히 살고 있다고. 나는 조금도 유약하지 않고 어리석지도 않다고. 누가 뭐래도 나는 열심히 살고 있는 것이라고. 오늘 짐을 다 옮기고 자전거를 타고 시원하게 한번 달리고 나면 기분이 다시 괜찮아질 거라고. 흔들리는 건 내가 아니라 세상이라고…….

그래. '대한민국 주식회사'의 CEO라는 사람이 나를 아무리 비웃어도 나는 조금도 흔들리지 않을 것이다. 그러니까 지금 잠깐만큼은 울어도 괜찮아.

홀로
서기

200원을 가지고 벌써 80원을 썼으니 아무리 절약을 해도 19일까지밖에 못 가겠구나. 20일날 인덕상회 98호집에 작업복 일을 임시 하러 가기로 했지만 민생고 해결 때문에 고민이로구나. 일은 하러 가기로 했지만 먹을 게 있어야 가지…… (1967년 2월 17일 전태일의 일기에서)

손님이 토했다. 편의점에 들어올 때부터 얼굴색이 창백한 청년이었다. 토하고 난 그는 너무 괴로운 듯 헛구역질을 계속했고 나는 카운터를 나와 손님의 등을 두드렸다. 순간 '내가 뭘 하고 있는 거지?' 하는 생각이 들었다. 거의 동시에 '지금 이거 CCTV로 찍히고 있나?' 하는 생각이 스쳐갔다. '본사에서 내려온 편의점 아르바이트생 행동지침에 편의점에서 구토를 하는 손님은 어떻게 대처하라는 내용이 있었던가?' 하는 생각은 그다음에 들었다. 결국 손님은 자신이 고른 음료수를 계산도 하지 못한 채 비틀거리며 편의점을 나갔다. 다행이라는 생각이 들었다. 손님이 자신의 토사물을 옆에 둔 채 지갑을 찾기 위해 주섬주섬 하는 사이, 나는 카운터로 돌아가 다시 바코드를 찍고 현금영수증이 필요한지 물어보는 귀찮고도 어색한 일을 면할 수 있으니.

홀로서기(왼쪽)

이번 달은 적자가 4만 5000원이 나온다. 술값하고 유흥비를 5만 원 정도 쓴 것 같은데 아마 이게 타격이 컸던 것 같다. 술을 마시지 말고 차라리 영화를 한 편 볼 걸. 영화 본 지가 벌써 5개월이 넘었다. 어쨌든 자전거는 이번 달에는 못 살 것 같고 후배들한테 빌린 돈도 나중에 준다고 하고 미안하다고 이야기해야지. 편의점에서 일하는 시간을 더 늘려 볼까? 그런데 그렇게 하면 아마 공부를 전혀 하지 못할 것 같다. 지금도 편의점 야간 알바가 끝나고 나면 완전히 잠들어서 다음 날 오전 수업에 못 가는 경우가 종종 있다.

다시 한 번 '내가 지금 뭘 하고 있는 거지?' 하는 생각이 들었다. 나는 도구실에 있는 마대자루로 토사물을 치우기 시작했다. 새벽 2시에 편의점에 오는 사람들은 술에 취해 있거나 반바지와 슬리퍼 차림으로 담배를 사러 오는 사람이 팔구십 프로다. 그래도 편의점 아르바이트를 6개월째 하고 있는데 편의점에서 토하는 손님은 처음 보았다. 나름 침착하게 잘 대처했다는 생각이 들었다. CCTV에도 그렇게 찍혔겠지. 토사물의 냄새도 아직 매장에 남아 있고, 나의 알바 시간도 아직 네 시간이나 남아 있다.

공부를 하려고 가져온 전공 책은 아직 두 페이지도 넘어가질 못했다. 이제 졸업 학기인데 그동안 남들 다 간다는 어학연수도 못 가 봤고 쌓아 놓은 스펙도 없다. 그리고 보면 지난 4년간의 대학 생활을 뭘 하면서 보냈나 하는 생각도 들게 마련이지만 아직 취업 경쟁이 크게 실감나지는 않는다. 아마 내가 아직 군대를 다녀오지 않아서겠지 생각한다. 그나마 군대를 다녀오면 꼼짝없이 취업 준비에 몰두해야 하기 때문에 군대 가기 전에 학점이라도 잘 받아 놓아야 한다는 생각에 그 어느 때보다 집중해서 공부를 하자고 마음먹으면서 이번 학기를 시작했다. 그러나 매번 편의점 야간 알바를 하면서 공부를 해야지 하면서도 정작 전공 책 열 페이지 이상을 넘겨 본 기억이 거의 없다.

저녁에 하는 사무보조 알바를 그만둘까 생각도 해 봤지만 고향에 계신 부모님께 용돈을 받지 않기 위해서는 알바를 그만둘 수 없다. 문득 이번 달 가계부를 점검해 봐야겠다는 생각이 들었다. '청년유니온' 사무국장 누나가 한국은행에서 제공하는 표준가계부 기준에 맞게 가계부를 작성해 오라고 했다. 청년들의 가계 실태를 조사해 보기 위해서라고 했는데 나도 포함된다고 했으니 이 시간에 정리해 봐야겠다. 지난달부터 사무보조 알바까지 해서 투잡족이 되었으니 이번 달은 제법 돈이 남을 수도 있겠다 싶다. 그럼 그동안 후배들한테 생활비 조로 빌렸던 돈도 갚고 신세졌던 선배한테 술도 한 잔 살 수 있다.

이번 달에 편의점 야간 알바를 주 3일 하고 사무보조 알바를 주 2일 하면서 총 67만 원을 벌었다. 지난달에는 편의점 알바만 해서 40여만 원 벌었으니까 이번 달은 수입이 괜찮은 편이다. 옷하고 신발하고 해서 2만 원, 방세하고 전기세 등 공과금이 32만 원이 나갔다. 이건 참 어쩔 수가 없다. 반지하 자취방인데도 30만 원 가까이 되는 월세를 내야 한다니. 부모님이 늘 집이 있어야 저축을 할 수 있다고 하셨는데 그 말을 요즘 실감하고 있다. 교통비로 9만 8,000원이나 썼다. 이번 달에 택시 한 번 탄 적이 없는데 10만 원 가까운 돈이 교통비로 나갔다. 최근 나가고 있는 단체의 한 여자 후배는 교통비를 아끼려고 자전거를 샀다고 한다. 나도 매달 10만 원에 달하는 돈을 교통비로 쓸 바에 후배처럼 자전거를 살까 생각이 든다. 그럼 운동도 되고 학교나 알바하는 데까지 왔다 갔다 하는 데 드는 돈은 줄일 수 있을지도 모른다. 이번 달에 돈이 좀 남으면 진지하게 고려해 봐야겠다.

이럴 줄 알았다. 휴대폰 요금하고 인터넷 요금이 합해서 10만 원이 넘게 나왔다. 지난달에 최신 스마트폰으로 휴대폰을 바꾸는 바람에 아직 남은 기계값이 빠져나간 것이다. 주머니에 있는 새 휴대폰이 괜히 아깝다는 후회가 밀려온다. 그래도 나름 친구들 사이에서 '얼리 어답터'니 하는 소리를 듣는 데다가 기능 하나하나 챙기며 유용하게 쓰고 있기 때문에 괜찮다. 요즘 한창 트위터에 빠져 있는데 이 재미가 또 쏠쏠하다. 아무리 그래도 휴대폰을 바꾸기 잘했다.

이런! 식비가 8만 원이 넘게 나갔다. 학교 식당에서 밥 먹고 최대한 아껴서 먹는다고 먹는데도 어쩔 수가 없다. 매달 가계부를 정리할 때마다 식비는 8만 원 아래로 떨어져 본 적이 없다. 그래서 8만 원 정도가 나의 몸이 생존할 수 있는 최소한의 기준선인가 보다 하고 생각한다. 그 얘기는 나는 매달 8만 원만 벌면 적어도 먹는 건 걱정 없이 살 수 있다는 말일까?

이것저것 다 계산해 보니 이번 달은 적자가 4만 5,000원이 나온다. 술값하고 유흥비를 5만 원 정도 쓴 것 같은데 아마 이게 타격이 컸던 것 같다. 술을 마시지 말고 차라리 영화를 한 편 볼 걸. 영화 본 지가 벌써 5개월이 넘었다. 어쨌든 자전거는 이번 달에는 못 살 것 같고 후배들한테 빌린 돈도 나중에 준다고 하고 미안하다고 이야기해야지. 편의점에서 일하는 시간을 더 늘려 볼까? 그런데 그렇게 하면 아마 공부를 전혀 하지 못할 것 같다. 지금도 편의점 야간 알바가 끝나고 나면 완전히 잠들어서 다음 날 오전 수업에 못 가는 경우가 종종 있다. 더 이상 수업을 빠지면 학점 관리가 도저히 불가능하다. 안되겠다. 정말 공부해야겠다.

"왜 여기에 있느냐고 묻잖아!"

"제가 여기 아르바이트생인데요?"

"왜 아르바이트를 하는데? 응? 너 뭐야?"

이번에는 술 취한 아저씨가 시비를 건다. 이 아저씨는 낮에도 가끔 오는데 한 달에 몇 번은 이렇게 취해서 새벽에 편의점에 들를 때가 있다. 지금 이 아저씨는 나보고 왜 여기서 아르바이트를 하냐고 무작정 화를 내고 있다. 뭐, 그냥 차분하게 대응하는 수밖에 없다. 손님이니까. 아저씨는 소주 두 병하고 새우깡을 하나 샀다. 그러니까 손님이라는 것이다. 그리고

벌써 10분째 나한테 알 수 없는 이야기를 하며 화를 내고 계시다. 오늘 전
공 책 공부 열 페이지 넘기기는 다 틀렸군. 역시 CCTV는 이 장면도 잘 찍
고 있겠지. 그렇지만 다음번에도 이런 상황은 반복될 것이다. CCTV가 주
목하는 것은 첫 번째, 편의점의 상품들이 제자리에 정확하게 있어서 회사
가 바라는 이윤을 제대로 창출하고 있는가이다. 두 번째는 편의점에서 노
동하고 있는 아르바이트생이 2010년도 법정 최저임금 4,110원 어치만큼
제대로 노동을 하고 있는가일 것이다. 술 취한 손님이 편의점 알바한테 손
찌검을 하는 것도 아니고 기물을 파손해 편의점에 손해를 끼치는 것도 아
닌 이런 상황은 CCTV가 주목해야 할 이유가 없는 것이다.

　술 취한 아저씨가 알 수 없는 주정을 나에게 시작한 지 20분 만에 다
른 손님이 편의점에 들어왔다. 다행히도 건장한 청년 세 명이다. 그 손님
들이 맥주와 안줏거리 몇 개를 계산할 때쯤이 되어서야 술 취한 아저씨가
양손에 소주병을 들고 편의점을 나선다. 청년 세 명까지 편의점을 나가고
나서 갑자기 피로가 몰려온다. 그러나 사장님이 교대하러 올 때까지는 아
직 두 시간이나 남았다. 다행히 사장님은 제시간에 딱 맞춰서 오기 때문
에 교대 시간이 늦을 걱정을 할 필요는 없다. 다만 그 시간에 졸고 있지만
않으면 된다.

　눈을 떴는데 시간에 대한 감각이 완전히 사라져 있다. 방은 어둠에 푹
절어 있다. 보통 인터넷으로 이곳저곳 돌아다니다가 까무룩 잠드는 경우
가 많아 불을 끄지 않고 잠이 든다. 오늘 아침에는 너무 피곤해서 알바를
끝내고 집에 돌아오자마자 잠이 들어서 불이 꺼진 채로 잠이 들었던 것이
다. 반지하방이라 가뜩이나 어두운데 불까지 꺼져 있으니 시간에 대한 감

각이 둔해질 수밖에 없었다. 머리맡에 두고 잤을 핸드폰을 누운 채 손을 더듬어 찾아본다. 한참을 더듬어도 핸드폰이 잡히지 않는다. 불을 켜고 찾아볼까 하지만 그랬다가 아직 시간이 너무 이르면 잠깐이라도 피곤한 몸을 일으킨 데에 대한 엄청난 후회가 밀려올 것이다. 어쨌든 누운 채로 핸드폰을 찾는 게 심신에 여러모로 좋을 확률이 크다. 이럴 때는 보통 베개 밑에 핸드폰이 들어가 있는 경우가 가장 많다.

베개 밑을 더듬자 핸드폰이 손에 잡힌다. 화면을 확인해 보니 "2:13" 이라고 뜬다. 아르바이트를 끝내고 들어와서 잠든 거니까 분명히 새벽일 리는 없고 그럼 오후 2시 13분이라는 건가? 여기까지 생각하는 데 3분도 넘게 시간이 지나간 것 같다. 확실히 시간에 대한 감각이 둔해진 것이 맞다. 아니면 뇌의 사고 능력에 이상이 생기기 시작한 건지도 모르겠다. 1시까지 청년유니온 사무실에 가기로 약속이 되어 있었는데 엄청나게 늦어 버렸다. 사무국장 누나한테 엄청 혼날 것 같다. 어젯밤 편의점에서 있었던 사건·사고들이 나를 얼마나 피곤하게 했는지 이야기해야겠다. 그럼 아마 나를 불쌍하다고 생각해서 약속 시간에 늦은 것을 용서해 줄지도 모른다. 간신히 손을 움직여서 핸드폰 알람을 맞춘다. 지금이 2시 16분이니까 2시 30분에 알람을 맞추자!

나는 이번 달에 아르바이트 두 개를 하면서도 4만 5,000원의 적자를 보았다. 물론 저축은 0원, 영화관에 가 본 지는 다섯 달이 넘었다. 그리고 어젯밤에는 편의점 알바를 하면서 취객들에게 엄청 시달렸단 말이다. 그러니까 지금은 딱 10분만 더 자도 괜찮아.

레랑스

인간을 물질화하는 세대, 인간의 개성과 참 인간적 본능의 충족을 무시당하고 희망의 가지를 잘린 채, 존재하기 위한 대가로 물질적 가치로 전락한 인간상 (人間像)을 증오한다. (1969년 전태일의 일기에서)

"스트로베리 스무디 한 잔 나왔습니다!"

커피숍 알바를 시작하고 나서부터 늘 드는 생각이지만 '딸기 스무디' 라고 메뉴에 적혀 있는데 왜 굳이 '스트로베리 스무디 한 잔 주세요'라고 이야기하는 걸까? 방금 주문한 사람은 스무 살 정도 되어 보이는 사람이 었다. 외국에서 살다 온 것일까? 생각해 보니 지난번에 학교를 그만두고 한 학기는 등록금으로 다녀온 유럽 배낭여행 때 들른 독일의 커피숍에서 '스무디'라는 종류의 메뉴를 본 기억이 있는 것 같기도 하다. 아닌가?

밤 11시부터 시작하는 커피숍 야간 알바를 시작한 지도 벌써 석 달이 넘어가고 있다. 이전에 마포 쪽에 있는 커피숍에서 처음 알바를 시작했을 때는 에스프레소 머신 근처에 가는 것도 두려웠는데. 하나하나 정해져 있는 순서대로 손님들이 주문한 음료를 종류별로 만드는 게 무슨 퍼즐 맞추기 하는 것처럼 복잡하고 어렵게 느껴졌던 적도 있다. 그런데 지금은 주문을 받으면 해당하는 음료 제작 과정이 머리에 떠오르기도 전에 손이 먼저 움직이고 있다. 이제는 커피숍에서 CCTV의 사각지대가 어디 어디인지도 파악해서 필요할 때는 사각지대에 나를 숨길 수도 있게 되었다. 또 한창 피크 타임에도 이런저런 생각을 하면서, 입으로는 손님에게 "주문하신 커피 나왔습니다! 맛있게 드세요!"라는 말을 내뱉고, 다시 손은 에스프레소 머신을 조작하고 있는 나를 발견하는 것이 전혀 어색한 느낌이 들지 않는다.

　그래도 지금 일하는 커피숍은 야간에 하는 알바라 지난번에 있던 곳보다는 훨씬 일하기 수월하다고, 처음에는 생각했다. 그러나 이름만 대면 다 아는 프랜차이즈 커피숍쯤 되면 철저한 효율화가 이루어져 있다. 비는 시간에 알바생들이 해야 하는 일들이 수십 가지도 더 있고, 만약 그래도 알바생들이 할 일이 없다면 커피 한 잔 나오는 시간보다 더 짧은 시간 안에 알바들이 해야 할 일을 새로 창조해 낼 수 있는 곳이다. 그 정도는 되어야 프랜차이즈라 할 수 있다. 그리고 그런 것이 바로 손님들에게 쾌적하고 멋진 공간과 질 좋은 음료를 제공할 수 있는 근거가 되는 것이리라. 다만 이곳은 흡연실이 있어서 문제가 된다. 재떨이를 치워야 되는 것은 큰 일이 아닌데 문제는 쓰레기통이다. 이곳에서 일하면서부터 새롭게 하게 된 일은 매장을 정리할 때 쓰레기통을 뒤져서 빈 종이컵을 회수하는 것이다. 담배꽁초, 가래침, 각종 음료 남은 것들이 섞여 있는 종이컵을 일일이 쓰레기통에서 분리하는 일은 여간 곤혹스러운 게 아니다.

　2008년 새로 들어선 정부는 '규제 완화' 차원에서 손님이 일회용 컵을 쓰고 반납하면 50원을 반환해 주는 '컵 보증금 제도'를 폐지했다고 한다.

레
랑
스

레랑스(맨 오른쪽)

'너 아니어도 일할 사람은 많다.'

알바생들에게 이 말만큼 무서운 말이 있을까? 대부분의 알바생들이 불합리한 제도나 관행에 저항하지 못하는 이유는 역설적이게도 나 아니어도 이곳에서 일할 수 있는 수많은 친구들이 있기 때문이다. 나처럼 누군가는 매달 자신의 생활비를 벌어야 하고, 누군가는 등록금을 벌어야 하고, 누군가는 학원비를 벌어야 한다. 그렇기 때문에 내가 자리를 박차고 나가도 다른 누군가가 생존을 위해 이 자리를 메울 것이고, 내가 제기했던 문제들은 다시 원점으로 돌아가 그 친구가 다시 이 자리를 박차고 나갈 때까지 숙성되겠지.

올해 초까지 잠깐 대학을 다닐 때 들었던 경제학 수업에서 교수가 했던 말이 생각난다. 각종 규제를 완화해야 경쟁이 촉진되고 그래야 경제가 성장한다고. 어디 신문에서 보았던 내용도 생각난다. 경제가 성장해야 국민들 모두가 잘살 수 있으니까 경제 성장을 저해하는 각종 규제와 제도를 폐지해야 한다고. '컵 보증금 제도'도 경쟁을 저해하는 불합리한 규제고 제도라는 것이었다. 내가 일하고 있는 이 매장의 브랜드를 비롯한 유명 3사 커피숍에서 판 커피가 작년에 총 1억 잔이 넘었다고 한다. 그리고 이 3개의 브랜드가 커피숍 시장의 50퍼센트를 차지한다고 한다. 그러니까 작년 한 해 우리 국민들이 총 2억 잔 정도의 커피를 사서 마셨다는 이야기다.

2억 잔이라! 나는 일단 2억 잔의 커피를 에스프레소 머신에서 내리고 있는 알바들을 떠올렸다. 그리고 다시 쓰레기통을 뒤져서 손님들이 버리고 간 일회용 컵을 분리해 내고 있는 알바생들을 떠올렸다. 여기서부터는 수학 또는 고등학교 수준의 산수가 필요해진다. 작년에 회수되지 않은 일회용 컵은 총 1억 4,000만 잔. 신문 기사에 나와 있기로는 일회용 컵 회수율이 '컵 보증금 제도'를 폐지하자 30퍼센트로 떨어져서 업체들이 제도를 폐지하기 이전 수준인 50퍼센트까지는 컵 회수율을 올리려 한다고 한다. 그러니까 나 같은 알바생들이 쓰레기통을 뒤져서 담배꽁초와 가래침과 음식 찌꺼기들 사이에서 총 4,000만 개의 일회용 컵을 분리해 내야 한다는 것이다. 4,000만 개. 나는 오늘 총 20여 개의 컵을 쓰레기통에서 찾아 꺼냈다. 이런 속도라면 나는 1년 동안 3,000개 정도의 컵을 회수할 수 있다.

컵을 많이 회수할수록 종이를 만드는 나무를 보호할 수 있고 환경을 보호할 수 있다고 한다. '친환경 녹색성장'이 중요하다고 하지 않는가. 그래서 오늘도 커피숍 알바들은 쓰레기통을 뒤지고 있다. 그런데 그럼 '컵 보증금 제도'를 폐지하지 않았으면 되는 거 아닌가? 아니다. 경쟁을 저해하고 기업들이 활발하게 움직이는 데 방해가 되는 규제나 제도는 폐지해야 경제가 성장한다고 하지 않는가. 그래야 국민들이 잘살 수 있고 민주주의도 발전한다고 하지 않는가. 그러니까 내가 쓰레기통을 뒤져서 일회용 컵을 분리해 내는 것은 민주주의 발전을 위한 일이라는 거지. 편의를 봐주어야 하는 건 기업들이 손님들에게 일회용 컵 한 잔에 50원씩 돌려주는 불합리한 제도이지 알바들이 쓰레기통을 뒤지는 현실은 아니다. 그래야 경제가 성장한다 하지 않는가.

'너 아니어도 일할 사람은 많다.'

알바생들에게 이 말만큼 무서운 말이 있을까? 대부분의 알바생들이 불합리한 제도나 관행에 저항하지 못하는 이유는 역설적이게도 나 아니어도 이곳에서 일할 수 있는 수많은 친구들이 있기 때문이다. 나처럼 누군가는 매달 자신의 생활비를 벌어야 하고, 누군가는 등록금을 벌어야 하고, 누군가는 학원비를 벌어야 한다. 그렇기 때문에 내가 자리를 박차고 나가도 다른 누군가가 생존을 위해 이 자리를 메울 것이고, 내가 제기했던 문제들은 다시 원점으로 돌아가 그 친구가 다시 이 자리를 박차고 나갈 때까지 숙성되겠지.

청년 실업자가 100만 명이 넘은 지 오래라고 한다. 실업자가 많아질수록 불합리한 제도나 관행은 더 많아지고 규제는 심해질 것이다. 청년 실업자가 많아지면 많아질수록 나 같은 사람들이 잘못을 지적하더라도 '너 아니어도 여기서 일할 사람은 많다'라는 대답이 더 자주 돌아올 것이기 때문이다. 그래서 지금은 청년 실업을 해결해 나가는 과정 자체가 사회 제도와 문화를 더 좋은 방향으로 개선시켜 나가는 일이 될 수도 있다는 생각이 든다. '너 아니어도 일할 사람은 많다'라는 말 대신 '여기 아니어도 일할 곳은 많다'라는 말이 나올 수 있는 사회가 되어야 사회가 발전할 수 있을 것이다.

쓰레기통을 뒤지다가 든 생각들치고는 제법 훌륭하다고 스스로를 칭찬하고 있는 나를 발견한다. 그러니까 오늘만큼은 쓰레기통을 뒤지고 있어도 괜찮아!

아침
햇살 송

무고한 생명체들이 시들고 있는 이때에

한 방울의 이슬이 되기 위하여 발버둥 치오니

하느님, 긍휼과 자비를 베풀어 주시옵소서.

(1970년 8월 9일 전태일의 일기에서)

결국 행정소송에 들어갔다. 예상했던 일이지만 막상 우리가 주체가 돼서 소송을 진행하게 되었다는 생각이 들자 긴장이 된다. 만약 소송에서 지게 되면 어쩌지? 조합원들이 엄청나게 실망할 텐데. 오늘 행정소송을 위해 소장을 제출하는 법원에 언론사들이 잔뜩 몰려왔다. 그러나 만약 소송에 지게 되면 오늘 왔던 기자들은 결국 청년 구직자, 아르바이트생, 비정규직으로 이루어진 '세대별 노동조합'이라는 것이 한국에서는 불가능한 시도였다는 식으로 보도하지는 않을까?

일단 '민주사회를 위한 변호사 모임'에서 아주 싼 가격에 소송을 맡아 주기로 했지만 그 돈마저도 1차, 2차 행정소송까지 가다 보면 만만치 않게 들 것이다. 사무국장 언니 임금 체불된 게 아직 몇 십만 원이 남아 있는데, 소송 비용은 어떻게 마련하지? 요즘은 일을 할 때마다 기대보다는 걱정이 더 많이 든다. 처음이라는 것은 한때는 신선하고 설레게 하는 힘을 가지게 하지만 시간이 지나면 불안감으로 바뀌게 된다. 그래도 오늘은 변호사 분들이 기자회견에서부터 소장을 제출할 때까지 함께해 주셨기 때문에 불안감이 덜한 편이었다. 변호사라는 직업은 그 존재만으로도 충분히 심리적 안정감을 주는 직업이다. 아마 의사나 교수 이런 직업들도 마찬가지겠지? 왜 일면식도 없는 친척이라도 누군가가 변호사나 의사가 되었다고 하면 자기 자식 일처럼 기뻐하는지 알 것도 같다.

내 짧은 인생 경험에 의하면 법이나 제도는 없는 사람들에게 늘 공포의 대상이다. '법대로 하자!', '규정은 이렇습니다' 따위의 말을 정작 가진 것 없는 사람들은 쉽게 내뱉지 못한다. 모르기 때문이다. 그래서 자신이 없기 때문이다. 그건 '청년유니온'과 같은 노동조합도 마찬가지다. 그래서 주변에 도와주시는 전문가들의 의견을 꼬박꼬박 챙겨 들으려 노력한다. 다행인 것은 그래도 '청년유니온'을 도와주려는 전문가 분들과 단체들이 많다는 것이다. 40년 전 전태일이 노동기본권이 적혀 있는 법전을 들고 '대학생' 친구 한 명만 있었더라면 하고 탄식했다는 이야기가 떠올랐다. 그래도 우리는 전태일이 고민하던 때에 비하면 훨씬 좋은 상황에 있는 것이다.

'홀로서기'는 우리 '청년유니온'의 사무차장이다. 사무국장 언니 밑에서 가장 고생하는 '청년유니온' 조합원 중 한 명이다. 거의 모든 회원 관리 사업과 실무 작업을 하고 있다. 주로 컴퓨터를 이용해야 하는 작업을 도맡고 있다. 사무국장 언니도 나도 거의 컴맹이라 불러도 무방할 정도로 기계나 컴퓨터에 무지하기 때문이다. 나나 언니가 서너 시간이 걸려 하는 입

지금 이 시대의 청년들에게 '생존'한다는 것은 이 사회와 어떻게든 맞서서 싸운다는 의미일 수밖에 없다. 나는 오늘도 그리고 내일도 어떻게든 이 사회에서 우리가 함께 생존하기 위해 맞서 싸워 나갈 것이다. '홀로서기', '꿈꾸는 대학생', '레랑스'의 얼굴들이 차례로 떠올랐다.

력 작업이나 정리 작업을 '홀로서기'가 30분도 안 되서 끝낼 때 나와 언니는 하루 종일 자괴감에 시달린다. 심지어 때로는 아주 진지하게 '내가 잘하는 건 도대체 뭐지?'라는 생각에까지 이르게 된다.

그런데 오늘 '홀로서기'가 사무실에 나오기로 약속된 시간에 늦게 나왔다. 며칠 전 사무실 상근자들(그래봤자 나와 사무국장 언니, 사무차장, 이렇게 세 명이지만)이 흐트러진 생활을 바로잡고 술도 그만 먹고 시간 약속을 잘 지키자고 결의한 뒤라 잔소리를 좀 하려고 했다. 그런데 밤에 편의점 알바를 하고 있는 '홀로서기'가 어젯밤에 편의점에서 손님이 토하고, 취객이 시비를 걸고 하느라 너무 피곤했다는 이야기를 하자 사무국장 언니는 좀 더 쉬지 그랬냐고 토닥여 주었다. 나는 그래도 지키기로 한 약속은 지켜야 하는 거라며 잔소리를 한참 해 댔다.

사무국장이 받는 월급은 86만 원, 사무차장이 20만 원, 나는 활동비 조로 5만 원을 받는다. 이 돈은 우리 '청년유니온' 조합원들의 조합비로 지급되는 것이다. '청년유니온' 조합원들의 상황이래 봤자 다들 편의점이나 커피숍 아르바이트, 비정규 계약직, 집에서 용돈 받는 취업 준비생 등이 대부분이다. 매달 내는 조합비가 3,000원, 5,000원이지만 적은 돈이 아니다. 따라서 조합원들이 낸 조합비로 임금을 받는 우리는 그에 상응하는 자세와 열정, 능력을 보여 주는 것이 예의다. 뭐, 이런 식의 잔소리를 한 20여 분 했는데 '홀로서기'가 의외로 너무 진지하게 듣는 것 같아서 좀 미안하다는 생각이 들었다. 그냥 웃으면서 능청스럽게 변명해도 되는 일을 자기반성식으로 진지하게 고민하면 정작 문제를 제기한 당사자가 미안해지는 법이다.

'홀로서기'에게 한참 잔소리를 하고 나니 '꿈꾸는 대학생'이 사무실에 들렀다. 한동안 강원도에 있는 해수욕장에 치킨을 파는 아르바이트를 하러 갔기 때문에 오랜만에 보는 것이다. 까맣게 그을린 얼굴이 웃을 때 보이는 하얀 이와 대조되면서 그녀를 더욱 건강하게 보이게 한다. 그런데 왼팔에 온통 상처 딱지가 앉아 있다. 무슨 일이냐고 물으니 자전거를 타다가 크게 넘어졌다고 한다. 그래서 다리와 팔에 온통 상처를 입었고 오늘도 다리의 상처를 가리기 위해 롱스커트를 입고 나왔다는 것이다. 그래도 씩씩하게 자기가 강원도 해수욕장에서 알바를 하면서 경험했던 에피소드들을 늘어놓기 시작했다.

20대 초반 시절의 나도 저랬을까? 세상에서 일어나는 일 하나하나가 신기하고 경험하는 일마다 추억이 되는 시절이 있다. 때로 영화나 만화에서는 그런 시절을 참으로 낭만적으로 보여주곤 한다. 하지만 그녀는 그 시절을 각종 아르바이트 노동과 공부, 그리고 다양한 활동을 하며 보내고 있다. 나는 그녀의 그런 다양한 경험들과 노동이 결코 낭만이나 청춘의 열정이라고 생각하지 않는다. 그 안에는 그녀가 남몰래 눈물 흘려야 했던 생존을 위한 몸부림이 담겨 있기 때문이다. 그럼에도 불구하고 만나는 사람마다 유난스러운 관심을 기울이고 호기심 어린 눈을 반짝이는 것이 늘 사랑스럽다.

하지만 '홀로서기'가 편의점 야간 알바를 하면서 매달 생활비를 버는 것이 빠듯해 힘들어하듯이 그녀도 자신의 노동으로 생활을 책임져 가면서 느끼는 부담감이 클 것이다. 상처가 크게 남지 않아야 할 텐데 아무래도 걱정이 된다. 창피해 하는 아이를 설득해서 롱스커트를 잠깐 걷어서 상처를 보니 정강이부터 허벅지까지 검붉은 딱지가 길게 앉아 있다. 마음이 한없이 무거워진다.

밤 11시가 넘어가고 있는 종로 거리는 어른들의 공간이자 시간이다. 양복을 차려입은 아저씨들이 술에 취해 비틀거리며 도로 한가운데 중앙선까지 나와서 택시를 잡는다. 가게 앞마다 아저씨, 아주머니들이 2차를 갈지, 아니면 어디 노래방을 갈지 시끌벅적하게 자신들의 유흥 일정을 행인들에게 공개하고 있다.

서대문역에서 종로1가까지 걸어가는 20여 분의 밤길은 무섭다기보다 쓸쓸하다. 그 거리에서조차 청년들은 철저하게 소외된다. 그 시간대에 가장 쓸쓸해 보이는 장면은 이제 막 청소를 마치고 정리를 하고 있는 패스트푸드점들이다. 내 또래쯤 되어 보이는 청년 한두 명이 널찍한 패스트푸드점의 마지막을 정리하고 있다. 그런 곳을 서너 개 지나 종각까지 오면 이제 거리의 시간과 공간은 청년들의 것이다. 종각즈음부터는 큰 소리로 떠들고 웃는 청년들이 도로와 인도를 점령한다. 그리고 그 수많은 청년들 사이에 조용히 가방을 안고 버스 정류장 벤치에 앉아 있는 아저씨들과, 최소한 5년 이상 모델은 되어 보이는 구형 휴대폰 너머로 '엄마, 이제들어가. 조금만 기다려'와 같은 말을 던지고 있는 피곤한 몰골의 아주머니들이 끼어 있다.

그렇게 종각을 지나 '레랑스'가 일하고 있는 커피숍에 도착했다. 24시간 열려 있는 유명 브랜드의 커피숍. 여전히 젊은 청년들로 가득 차 있는 그곳에 도착해서 '레랑스'를 찾았다. 카운터에는 보이지 않고 어디 다른 테이블을 치우고 있는 걸까? 자리를 잡고 가방을 놓은 다음 커피를 주문하러 카운터로 가다가 '레랑스'를 발견했다. 그는 쓰레기통을 뒤지고 있었다.

"레랑!(종종 우리는 '똘레랑스'를 줄인 '레랑스'를 다시 줄여 '레랑'이라고 부른다)

청년유니온 조합원 캠프에서 '열혈청춘상'을 받고 있는 '꿈꾸는 대학생'.

노동자대회를 마치고 단체사진을 찍는 청년유니온 조합원들.

너 지금 뭐해?"

"아! 누나 왔어요? 저요? 쓰레기통 뒤지고 있는 거 안 보여요?"

"응! 알겠는데 왜 쓰레기통을 뒤지고 있어?"

"아! 이거요~. 우리 알바들에게 주어진 특수 임무라고나 할까? 친환경 녹색성장을 위한 시민으로서의 의무를 실천하고 있는 거라 할 수 있죠."

"웃기고 있네!"

"하하! 버려진 일회용 컵 수거해야 해서 그래요. 누나도 주문할 때 꼭 머그잔에 달라고 하세요!"

"그래, 알았어. 나 저기 좀 앉아 있다가 갈게."

"이거 정리하고 금방 갈게요. 좀만 기다려요."

"응. 천천히 와도 돼. 일 끝나고 가는 길에 들른 거니까."

올해 초 다니던 대학을 그만두고 아르바이트를 하며 생계를 꾸려 가고 있는 '레랑스'는 가장 열심히 활동하는 우리 조합원 중 한 명이다. 원래는 호기심 많은 친구를 따라서 '청년유니온' 사무실에 구경 왔다가 정작 친구는 사라지고 자기만 남아서 행사마다 가장 열심히 준비하고 활동하는 열성 조합원이 되었다. 원래는 대안학교 선생님이 되려고 했는데 일이 잘 안 풀렸다. 한동안 많이 아쉬워하고 힘들어하다 마음을 다시 잡고 일단 일을 해야겠다고 말했다. 그래서 '레랑스'는 다시 커피숍 알바를 시작했는데 밤 11시부터 다음 날 아침 8시까지 일하는 곳을 잡았다고 했다.

오늘 '레랑스'가 일하는 곳은 처음 와 본 건데, 첫 대면이 쓰레기통을 뒤지고 있는 모습이라 좀 당황스러웠다. 그러나 워낙 씩씩하게 말하는 '레랑스'를 보고 있으면 걱정은 별로 들지 않는다. 뜨거운 커피를 마시며 잠시 이야기를 나누었다. 다니던 대학교를 그만두었으니 군대 문제는 어떻게 할지, 생활비는 알바해서 나오는지, 그리고 다음 '청년유니온' 노동조합 설립 신고 문제를 어떻게 하면 좋을지……. 이야기를 나누다 보니 40여 분이 훌쩍 지나갔다. 버스 막차 시간이 다 되어서 그만 일어나야 했다. 막상 일어나서 가려고 보니 쓰레기통을 뒤지고 있던 '레랑스'의 뒷모습이 눈에 밟힌다. 한번 꽉 안아 주려 했지만 쑥스러워할 것 같아서 그냥 "힘내!"라는 말만 건네고 커피숍을 나왔다.

막차가 분명해 보이는 버스를 타고 창밖을 바라보다가 그런 생각이 들었다.

'걱정하지 않아도 돼. 우리는 어떻게든 생존할 거니까. 아니, 조금 걱정할 필요가 있을지도 모르겠다. 우리는 반드시 맞서서 싸울 거니까.'

지금 이 시대의 청년들에게 '생존'한다는 것은 이 사회와 어떻게든 맞서서 싸운다는 의미일 수밖에 없다. 나는 오늘도 그리고 내일도 어떻게든 이 사회에서 우리가 함께 생존하기 위해 맞서 싸워 나갈 것이다. '홀로서기', '꿈꾸는 대학생', '레랑스'의 얼굴들이 차례로 떠올랐다. 그리고 버스 손잡이를 잡고 선 채로 아주 오랜만에 누군가에게 기도했다.

무고한 생명체들이 시들고 있는 이때에
한 방울의 이슬이 되기 위하여 발버둥 치오니
하느님, 긍휼과 자비를 베풀어 주시옵소서.

청춘 수다

임
승
수

이 야 기 를 나 눈 사 람 들

단편선

1986년 서울에서 태어나 음악가를 본업 삼아, 글쓰기를 부업 삼아 겨우 살아내고 있다. 음악활동가, 포크로동자, 생계형빈 민포크날품팔이로도 불린다. 한국마오쩌둥협의회의 조직원이 며, 좌익 음악가들의 어소시에이션 인혁당, 그리고 전태일문화 행동의 일원이기도 하다. 요사이에는 자립음악생산자모임(가) 에 투신하여 음악가들의 상호부조와 협동, 협력을 기본으로 한 여러 기획들을 내놓고 있으며 그 외 대중음악전문웹진 '보다'의 필진 일도 함께하고 있다.

박다함

노이즈 뮤지션. 1986년 인천에서 태어났고 2005년부터 'Relay' 와 'Bulgasari'에서 활동을 하며 노이즈음악과 즉흥연주에 집 중하고 있다. 동년에 "FLICKER BEGINS"라는 노이즈음악 프 로젝트를 시작했는데, 이것이 추후 '불길한 저음'으로 발전된 다. 주로 스프링리버브, 앰프스피커, 인버터스탠드램프, 음악 재생장치 등으로 피드백을 이용한 연주를 하고 있다.

전아름

서울여자대학교에서 역사와 문예창작을 공부하고 있다. 아직 까지는 안정적인 학생 신분을 유지하고 있으나 내년이 되면 어떻 게 될지 아무도 모른다. 월간 통일전문지 『민족21』의 막내 기 자이며, 근근이 기업 사보를 제작하는 프리랜서 기자로 일하고 있다가 큰 오보를 내는 바람에 잠정적 퇴출 상태인 듯하다. 적 게 벌고, 그러나 많이 먹고 많이 쓰며 많이 싸는데, 그래도 삶은 이어진다. 혼자 살지 않기 때문일 테다. 타락한 정신세계와 달 리 아동문학과 요리에 관심이 생겼다. 연애하고 있다.

전태일 40주기를 맞아서 20대의 '욕망'에 대한 얘기를 하고 싶었다. 1970년 스물세 살의 나이로 자신의 몸에 불을 댕긴 전태일, 그리고 2010년 실업 문제와 비정규직 문제로 고통받고 있는 청년들을 이어 주는 키워드는 '욕망'이라고 생각했기 때문이다. 1970년 우리는 기계가 아니라고, 사람이라고 외치며 인간다운 삶을 '욕망'했던 전태일처럼, 40년 후인 2010년 '88만원 세대'의 저주에서 벗어나 인간다운 삶을 '욕망'하고 있는 이 시대의 청년들. 2010년 9월 2일 홍익대학교 근처의 한 카페에서 20대 세 명과 전혀 거창하지 않은 솔직하고 소소한 청년들의 '욕망' 얘기를 꺼냈다.

임승수_____ 먼저 자기소개를 간단하게 해 주세요. 나는 무엇을 하고 있고, 나이는 몇 살이고……. 그런 거 있잖아요. 제 소개를 할게요. 저는 30대 중반, 서른일곱을 가장한 서른여섯. 일곱 살에 초등학교를 들어갔거든요. 몇 권의 사회과학 책을 썼어요. 이번 좌담의 사회를 맡았습니다. 30대 후반이 사회 맡아서 좀 미안하네요.

단편선_____ 지금 음악가이고요. 아직 학교는 졸업을 못했습니다, 불행히도. 원래 저번 학기나 저저번 학기에 졸업을 했어야 하는데 불행하게도 졸업을 할 수 없게 돼서, 사회 문제에 참여하면서 음악가로서 할 수 있는 일이 무엇인가 찾아보고 있는 중입니다. 그 외에도 음악 평론 같은 것들을 쓰기도 하고요.

박다함____ 스물다섯이고요. 지금 두 달째 가출하고 있는 중이에요. 초등학교 6학년 때 우연히 케이블 방송에서 인디밴드를 봤고요, 대학교 입학하고 처음으로 홍대 클럽에서 공연을 보기 시작했는데 어느 순간부터는 직접 관련 잡지도 만들고 공연도 기획하고 밴드 활동도 합니다.

전아름____ 저는 전아름이고요. 나이는 스물다섯 살이고 서울여대에서 역사를 공부하고 있습니다. 월간지 『민족21』에서 프리랜서 기자로 활동하고 있고요. 올해 졸업하려고 하는데 영어 때문에…….

단편선____ 다 스물다섯이네. 임승수 씨가 사람 잘 골랐어요. (웃음)

임승수____ 그럼, 이제부터 본격적으로 이야기를 풀어 볼까요? 젊은 친구들이 살다 보면 하고 싶은 게 많이 있을 텐데요. 예를 들어 일자리도 얻고 싶고, 돈도 벌고 싶고, 연애도 하고 싶고, 좋은 사람들도 많이 만나고 싶고……. 이런 다양한 욕망들이 있을 것 같아요. 그런데 우리 사회에서는 이게 잘 충족이 안 되는 것 같아요. 왜 그런 욕망이 충족이 안 되는지, 욕망을 충족시키기 위해선 뭘 어떻게 해야 하는지 자유롭게 얘기해 봤으면 좋겠어요. 요즘 사실 가장 문제가 되고 얘기가 많이 되는 게 일자리, 돈벌이 문제 같은데요. 이 문제에 대해서 젊은 친구들의 욕망과 좌절이 많은 것 같아요. 그래서 하실 얘기들이 있을 것 같아요. 편안하게 아무나, 생각나는 분부터요.

전아름____ 저도 요새 일자리가 참 고민이에요. 왜냐면 저도 그렇고 친구들도 그렇고 이제 대부분 졸업할 때가 됐거든요. 대학 졸업한 친구가 있는데 지금 빵집에서 아르바이트를 해요. 다른 친구들한테는 어느 매장 매니저라고 소개를 하는데 사실은 알바거든요. 집이 좀 어려워서 엄마가 친구에게 생활비를 대라고 얘길 하는 모양인데, 친구는 여력이 되면 다른 일을 해 보고 싶은가 봐요. 그런데 학벌도 안 되고 스펙도 안 되고…… 빵집에서 알바로 일하고 있다는 사체만으로도 '이 사회에서 내가 최하층을 차지하고 있구나'라는 생각 때문에 어디로 이직할 자신이 없고 연애도 못하겠다고 하고…….

임승수_____ 아, 그래서 연애도 못하겠대요?

전아름_____ 제가 그 친구한테 그랬어요. '내가 가진 건 없는데 네 소원 딱 하나만 들어줄게, 너 소원이 뭐야?' 그랬더니 '남자!' 이러는 거예요. 그래서 마침 경희대학교 다니는 아는 남자애가 있어서 '너 경희대 다니는 친구랑 소개팅을 해라' 그랬는데 경희대가 너무 높다고, 경희대 다니는 애가 자기 같은 애를 만나겠느냐는 거예요.

임승수_____ 그 친구도 어쨌건 자기가 하는 일에 대해서 부끄러워하는 거군요.

전아름_____ 네에. 엄청난 좌절에 빠진 상태예요. 만날 저한테 전화해서 그래요. 내가 배운 게 없어서 빵 팔고 있다고, 그러면 저는 '너랑 나랑 똑같이 4년제 학교 나왔고, 동갑이고, 어쨌든 일을 하고 있는데 왜 자꾸 배운 게 없다 그러냐'고 해요.

임승수_____ 지금 일이 맘에 안 들면, 좀 노력해서 다른 데 취직을 해 볼 생각은 안 하나요?

전아름_____ 걔 꿈이 그거예요. 계약직으로, 되게 '안정적인 계약직'이 되는 거요. 은행에서 '빠른 텔러'라는 일이 있대요, 그걸 하는 게 꿈이래요.

임승수____ 돈 빨리 세는 거?

전아름____ 뭐, 그런 거요. 굉장히 잘 세거든요.

임승수____ 요즘 기계로 돈 세지 않아요?

전아름____ 계약직 여자애들이 하는 그런 일이 있나 봐요. '빠른 텔러'라고 하는 모양인데……. 안정적인 계약직이 말이 되느냐고 했더니, 자기는 꾸준히 2년 동안 안정적으로 옮겨 다니고 싶다고 그래요. 자신이 정규직이 될 수 없는 걸 알기 때문에…….

임승수____ 아예 포기하는 거예요? 심각하구나. 그 정도인 줄 몰랐는데? 충격적이네.

전아름____ 학벌이 좋든 아니든 다 그런 고민을 해요. 몇 명은 지금 외국으로 떠난 친구들도 있고. 친구 한 명은 이번에 모 대학 언론학부를 졸업했고 인터넷 관련 업체에 붙었어요. 그래서 정규직으로 입사하기 전에 회사에 연락해서 사원에게 제공하는 복지 혜택 같은 것을 물어봤대요. 월급이 얼마고, 뭐 이런 식으로 물어봤더니 두 시간 만에 다시 전화가 와서는, '귀하는 되게 쓸데없는 질문을 많이 했으므로 탈락'이라고 하더래요. 복리후생이 어떻고, 휴가는 어떻고, 이런 식으로 그냥 물어봤을 뿐인데 회사에서는 '붙여 줬으면 잔말 말고 일이나 하지 왜 그런 걸 물어보냐' 그런 식으로 나오면서 그만두라고 했대요.

단편선____ 임 선생님 때는 안 그러셨어요?

임승수____ 안 그랬어. 진짜 안 그랬어. 10년 만에 강산이 변한다더니 진짜 많이 변했네. 몰랐어. 심각하네, 진짜.

단편선____ 일단 현상이 지금 안 좋은 상태인 건 확실한 것 같아요. 제가

단
편
선

공무원을 지망하는 사람들이 많으면 다 비슷한 꿈을 꾼다고 말하는데, 사실은 그게 돈

을 버는 거잖아요. 그러니까 애들이 돈 버는 일하고 자기 욕망을 충족시키는 일하고는

나눠서 생각하는 것 같아요. 그러니까 공무원이 되는 것이 진정 바라는 일이라면 욕망

의 획일화가 되는 건데 그런 건 아닌 것 같고, 단지 공무원이 되어 안정적 삶을 살게 돼

서 물적 조건을 확보하게 되면, 그때 정말 자신이 하고 싶어하는 다른 뭔가를 해 보자

는 생각이죠. 그게 사진 찍기일 수도 있고, 밴드 활동일 수도 있고……. 하여튼 말이죠.

일자리를 구할 생각이 없는 사람이긴 하지만 그래도 만약 알바를 구한다 해도 그게 빨리 구해질 것 같지도 않고요. 보통 이런 상황을 보고 사회적·구조적으로 모순이 있다고 많이 얘기를 하는데, 저는 꼭 그렇게만 생각하는 입장은 사실 아니에요.

임승수＿＿ 그럼 어떻게 생각하지요?

단편선＿＿ 그런 생각이 많이 들어요. 이를테면 저번에도 TV 〈100분 토론〉에 나갔었는데, 한 친구가 우리 세대 같은 경우는 정말 열심히 살고 있다, 토익도 따고 자기계발도 열심히 하고 있고 외모도 가꾸고 있고, 정말 열심히 살고 있는데……

임승수＿＿ 그렇지. 성형수술까지 하면서…….

단편선＿＿ 진짜 열심히 살고 있는데 왜 우리가 대기업에 갈 수 없느냐고 얘기했을 때 저는 굉장히 답답했어요. 저는 사실 이렇게 얘기하고 싶어요. 넌 열심히 살고 있는 거 아니라고, 넌 열심히 살고 있다고 하지만 꼭 그렇게 살아야만 열심히 사는 건 아니라고 말이죠. 어떻든 우리가 할 몫을 우리가 제대로 하고 있나, 이런 문제를 풀기 위해 돌파구를 어떻게 찾을 것인가에 대해서는 얘기를 잘 못 하고 있잖아요. 문제를 풀기 위해 노력하지 않는 것은 문제가 있죠. 이를테면 조금 전에 아름이 친구는 아름이에게 전화를 한다고 문제가 해결되는 건 아니잖아요.

임승수＿＿ 전화를 할 수도 있는 거잖아요.

전아름＿＿ 저도 한 친구한테 이런 얘길 해 본 적이 있어요. 9월부터 공채 시즌이라서 '너 거기 힘들면 좀 낮은 데 넣어 봐라' 이런 식으로 얘기를 한 적도 있는데요. 그렇게 얘기했더니 좀 언짢아하더라고요. 그래도 이만큼 공부했고, 이만큼 닦아 왔는데 싶은 거죠. 같이 알바를 하는 친구 중에서 전문대를 나온 친구가 있어요. 그런데 그 친구와 무척 친하면서도 저에게 전문대 친구 험담을 하는 거예요. 걔는 이건 이렇고 저건 저렇고…… 그래서 왜 그러느냐고 물어보면 걔는 전문대 나와서 그렇다는 거예요. 전혀 연관성이 없는데, 뜬금없이 걔는 전문대 나와서 싸가지도 없고, 걔는 전문대 나와서 연애도 못 하고, 걔는 전문대 나와서 영어도 못 한다고 이런 식으로 말해요. 우리 안에서도 이렇게 서로를 나누는 거예요.

단편선＿＿＿＿ 20대의 욕망에 대해서 얘기한다는 게 좀 애매했던 게 뭐냐면, 대학생들 자체가 너무 계급적으로, 계층적으로 너무 많이 나뉘어 있거든요.

임승수＿＿＿＿ 대학생이라는 틀로 뭉뚱그리기에는 처지와 조건이 너무 다르다는 뜻인가요?

단편선＿＿＿＿ 확실한 건 개인화가 되어 있다는 거예요. 저는 이게 중요한 키워드라고 봐요. 어떻게 보면 너무 당연한 얘기 같지만, 개인화가 함축하고 있는 의미가 많다는 생각이 들어요.

박다함＿＿＿＿ 사람들이 제가 잡지 만들고 기획사를 운영하니까 대단하다고 하는데 사실 그렇게 대단한 게 아니거든요. 왜냐면 일반 사람들이 취업을 하기 위해 토익이나 자격증 따 놓는 것처럼 저도 해야 할 일들을 한 것뿐이거든요. 일이 없으면 알바를 찾거나 하는 것처럼 말이죠. 하지만 자발적으로 자신의 일을 찾아서 하지 않고 뭔가 수동적으로 남들이 하니까 따라하는 것은 좀 문제가 있는 것 같아요.

과학이 발전하고 기술이 발전할수록 인간은 먹고사는 문제에 대부분의 시간을 쓰는 것에서 해방될 것이라고들 한다. 그런데 과연 현실은 어떠한가? 대부분의 청년 학생들이 어떤 일을 해야 행복할 것인가라는 사치스러운(?) 고민보다는 어떻게 먹고살 것인가라는 가장 기본적인 문제 자체를 고민하고 있는 것이 지금의 현실이다. 먹고살 수 있는 최소한의 환경으로부터 배제되어 부모님 등치며 살고, 알바로 목구멍에 풀칠하는 청년들이 얼마나 많은가? 이들이 과연 어른들의 말처럼 배가 불러서(?) 그렇게 사는 것일까? 청년들이 열심히 살지 않아서, 게을러서 그렇다고 말할 수 있을까? 지금 대학의 분위기는 1학년 때부터 취업 준비로 도서관이 북적대고 학점을 더 잘 받기 위해서 수단과 방법을 가리지 않는 일이 비일비재하단다. 열 명 중 한두 명이 이런 문제로 고민을 한다면 그들의 잘못일 수도 있겠지만, 열 명 중 여덟아홉 명이 같은 고민을 가지고 있다면 이것은 그들 자신의 잘못이 아니다. 바로 사회구조가 문제다.

임승수____ 자기가 정말 하고 싶은 것도 없이, 아니 아예 그런 고민도 없이 주어진 매뉴얼대로만 사는 경우가 많은 것 같아요. 대학이 무슨 회

사 맞춤형 휴머노이드(인간형 로봇) 생산 공장 같단 생각이 들어요. 점점 자기 스스로의 욕망이 아니라 다른 사람이 강요하는 욕망을 욕망하고, 강요된 욕망대로 살지 않으면 불안하고…….

단편선___ 엄마들이 내 아들 어떻게 키우고 싶다는 욕망이 있잖아요. 전 그렇게 생각을 했어요. 내 아들이 얼굴이 좀 말끔하고, 적당히 살도 올라 있고, 예의 있어 보이고, 말 잘하고 똑똑해 보이고, 덩치도 괜찮고……. 어떻게 보면 딱 한국이 원하는 부르주아 상 있잖아요. 그런 사람의 이미지에서 사람들은 내 아들의 미래를 보고 있다는 생각이 들어요. 그런 모델들을 좇는 게 있는 거죠.

임승수___ 그렇군요. 박다함 씨처럼 자신이 진짜 하고 싶은 일, 그러니까 음악에 대한 욕망이겠죠? 이것을 현실화시키기 위해서 자발적으로 계속 새로운 시도를 한 거잖아요. 하지만 많은 경우 자신의 희망이나 욕망이라는 것조차도, 표현이 적절할지 모르겠는데, '누군가에게 주입되었을 수도 있다'는 거군요. 어쨌든 보통 젊은 친구들이 가지고 있는 욕망이라는 것이 과연 어디서 유래된 건가, 이 얘기도 해 볼 필요가 있을 것 같네요.

단편선___ 그런데 지는 사람들이 자신의 욕망에 대해서 그렇게 고민을 안 해 봤다고 생각하지 않거든요. 저 말고 딴 사람도 제가 보기에는 최소한 저만큼은 고민을 할 거라고 생각을 해요. 다만 그 사람이 생각할 때는 그런 롤모델(역할모델)을 따르는 것이 합리적인 길인 거죠. 친구 중에 호주에 유학 간 애가 있는데 걔는 나중에 광고 회사에 가고 싶어 해요. 그랬을 때 자기가 원하는 안정된 직장이나 결혼, 육아, 노후까지……. 이런 것들이 설계가 되고 그래서 그 길로 가는 게 합리적인

너는 나다 : 우리 시대 전태일을 응원한다

선택인 거예요.

임승수＿＿＿ 다른 사람의 욕망이라고 하는 것이 그 사람 나름의 깊은 성찰에서 나온 것이고, 자신만의 기준 속에서는 합리적인 판단이라고 말했는데요. 그래서 다른 사람의 욕망에 대해서 쉽게 함부로 얘기해서는 안 된다는 느낌으로 말했던 것 같습니다. 그것도 맞는 얘기 같아요. 그렇다면 결국에는 가치판단의 문제를 얘기할 수밖에 없을 것 같아요. 아무리 개인의 욕망을 존중한다고 치더라고 그것이 우리 사회 전체로 보았을 때 어떤 영향을 끼치는지를 고려하지 않을 수 없으니까요. 사람들의 욕망이 과연 올바른 것인지 잘못된 것인지, 아니면 그런 식으로 가치판단을 할 수 없고 그냥 그대로 봐야 하는 것인지, 이런 고민 말이죠. 한편으로는 이런 생각도 들어요. 내가 어릴 땐 과학자가 되고 싶었거든요. 그때는 나 말고도 많은 남자애들이 다 과학자가 되겠다고 했거든요. 직업이 그렇게 다양한데 다 과학자가 되겠대. 지금 어린애들은 공무원 되겠다고 한다면서요? 이렇게 꿈이나 욕망이라는 것이 획일화된다는 느낌도 있어요. 그게 정말 스스로의 내면에서 나온 판단일 수도 있지만, 사실 그렇다기보다는 어디선가 그런 꿈을, 그런 욕망을 가지라고 세뇌하는 걸 수도 있잖아요. 다들 비슷한 욕망을 가지고 있으니까요.

단편선＿＿＿ 공무원을 지망하는 사람들이 많으면 다 비슷한 꿈을 꾼다고 말하는데, 사실은 그게 돈을 버는 거잖아요. 그러니까 애들이 돈 버는 일하고 자기 욕망을 충족시키는 일하고는 나눠서 생각하는 것 같아요. 그러니까 공무원이 되는 것이 진정 바라는 일이라면 욕망의 획일화가 되는 건데 그런 건 아닌 것 같고, 단지 공무원이 되어 안정적 삶

박
다
함

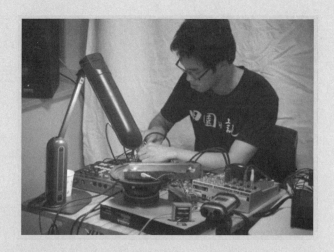

사람들이 제가 잡지 만들고 기획사를 운영하니까 대단하다고 하는데 사실 그렇게 대단한 게 아니거든요. 왜냐면 일반 사람들이 취업을 하기 위해 토익이나 자격증 따 놓는 것처럼 저도 해야 할 일들을 한 것뿐이거든요. 일이 없으면 알바를 찾거나 하는 것처럼 말이죠. 하지만 자발적으로 자신의 일을 찾아서 하지 않고 뭔가 수동적으로 남들이 하니까 따라 하는 것은 좀 문제가 있는 것 같아요.

을 살게 돼서 물적 조건을 확보하게 되면, 그때 정말 자신이 하고 싶어 하는 다른 뭔가를 해 보자는 생각이죠. 그게 사진 찍기일 수도 있고, 밴드 활동일 수도 있고⋯⋯. 하여튼 말이죠.

박다함＿＿ 제가 원래 가지고 있던 욕망들이 있었는데, 그것들은 가족의 욕망, 그러니까 아버지나 어머니가 가지고 있는 욕망들이 있잖아요, 그것이었어요. 저희 아버지는 세 가지 욕망이 있었대요. 서울에 올라가고, 서울 여자랑 결혼하고, 자영업을 하겠다. 그래서 저에게도 아버지가 운영하는 택시 회사를 물려받고 본인과 같은 길을 걷기를 바라시는 것 같아요. 시대적 상황들이 변화하면서 욕망이 같을 수 없잖아요. 그래서 저의 욕망이 가족의 욕망과 충돌하는 시점들이 생기고, 그런 과정에서 어떻게 욕망을 실현할 것인가 하는 계기나 돌파구가 생기더라고요.

'나는 타인의 욕망을 욕망한다.' 이 말에서 자유로울 수 있는 사람이 얼마나 될까? 의사가 되라, 판검사가 되라, 대기업에 취직해라, 공무원이 되라. 정작 그런 직업을 가지게 되면 구체적으로 어떤 일을 하며 어떻게 살아야 하는지도 모르고 우리는 부모님의 욕망을 대신 욕망한다. 대학 진학을 준비할 때 자신이 지원하는 학과에서 뭘 배우며 졸업하고 어떤 일을 하게 되는지 아는 사람이 얼마나 될까? 세상에서 가장 행복한 사람은 어떤 사람인지 아는가? 돈 많이 버는 사람이 아니다. 자신이 하는 일에서 행복을 느끼는 사람이다. 직업을 가진다는 것은 그 일을 하는 데 하루 대부분의 시간을 사용한다는 것이다. 학교 다닐 때처럼 방학이 있는 것도 아니고, 여름휴가 일주일을 제외하고 1년 내내 그 일을 하며 산다고 생각해 보라. 자신의 일에서 행복을 느끼지 못한다면 돈을 아무리 많이 벌더라도 그 삶은 지옥이다.

임승수_____ 다함 씨는 그래도 욕망을 접지 않고 힘 있게 추진하고 있는데요. 다함 씨 같은 분들도 있지만 욕망을 접고 일상적인 길을 가는 사람도 있죠. 다양한 사람들이 있는 것 같아요. 어쨌건 일이나 이런 부분에서 얘기를 어느 정도 해 본 것 같은데요. 좀 주제를 바꿔 볼까요? 젊은 세대의 중요한 문제 중 하나인 '연애질' 얘기를 해 봤으면 좋겠는데요.

단편선_____ 내가 보기에 내가 연애를 못한 건 물적 조건 때문은 아니야. 그리고 물적 조건에 의해서 연애 못 한다고 하는데 이런 애들은 지가 능력이 없어서 그런 거지. 돈이 없어서 연애 못하겠다, 너무 바빠서 연애를 못하겠다, 이런 건 말이 안 된다고 봐요.

임승수_____ 근데 결혼 연령이 점점 늦어지고 있어요. 사실 나도 작년에야 겨우 결혼했거든요. (웃음)

단편선_____ 연애는 자유롭잖아요. 결혼은 늦어지는 게 당연한 것 같아요.

전아름_____ 여자들은 완전 늦어지거나, 완전 빠르거나인 것 같아요. 저 같은 경우는 지금 당장 결혼 생각이 없으니까 일을 계속하잖아요. 서른 살 넘어서 할 가능성이 농후한데……. 이런 케이스 아니면 지금 제 또래들이 결혼하는 경우는 서른 살 넘은 전문직 남편을 많이 만나요. 돈이 있는 남자요. 여자는 스물다섯 살, 남자는 서른두세 살. 이런 결혼이 많이 성립하더라고요. 지금 결혼하거나 삼십 넘어 결혼하거나 둘 중에 하나인 거죠.

임승수_____ 여자의 경우 중간층이 별로 없고 빨리 결혼하거나 한참 삼십이 넘어 하거나, 그런 경우가 많다는 거죠?

단편선_____ 남자들은 거의 서른 넘어서 많이 해요. 빨리 하는 사람들이 거의 없고, 스물여덟이나 아홉 정도 돼야 결혼 생각을……. 저희는 아직 애라서. (웃음)

임승수_____ 여기 있는 분들은 모두 결혼 생각 자체를 아직 안 해 봤나요?

전아름_____ 결혼 생각은 안 하지만, 혼전임신에 대한 가능성이라든지……. 다른 학교는 모르겠는데 여대에는 익명 사이트 같은 게 하나씩 있어요. 익명 게시판. 가끔 해킹당하는 게 문제이긴 한데요. 성(性) 카테고리에 보면 '큰일 났어요. 어제 섹스 했는데 사후피임약 먹었는데 괜찮을까요?', '피 나고 장난 아닌데 어떻게 해야 할까요?' 등의 상담이 올라와요. 서로 합의하에 관계를 했는데 책임은 여자만 져야 하고 이걸 미안해서 얘기를 못하고…….

임승수_____ 여자들이 그런 부분에서 피해의식이 많다라고요. 피해의식이 아니라 실제 피해를 입는 경우가 많죠. 남자들은 재미 보면 그만이지

전
아
름

전아름(맨 왼쪽)

여자들은 완전 늦어지거나, 완전 빠르거나인 것 같아요. 저 같은 경우는 지금 당장 결혼 생각이 없으니까 일을 계속하잖아요. 서른 살 넘어서 할 가능성이 농후한데⋯⋯. 이런 케이스 아니면 지금 제 또래들이 결혼하는 경우는 서른 살 넘은 전문직 남편을 많이 만나요. 돈이 있는 남자요. 여자는 스물다섯 살, 남자는 서른두세 살. 이런 결혼이 많이 성립하더라고요. 지금 결혼하거나 삼십 넘어 결혼하거나 둘 중에 하나인 거죠.

만 여자는 실제 임신을 할 수 있으니까요. 임신은 엄청난 변화인 거잖아요. 드라마 소재로도 많이 나오죠. 임신했는데 남자가 무책임하게 행동하고, 그로 인한 갈등이 전개되고.

단편선＿＿＿ 남자들이 죄의식을 가져야 해요. 그런데 인간의 본성적인 부분이기도 하잖아요. 그렇기 때문에 저는 그런 잘못에 대해서 처벌을 더 강화해야 한다고 보는 입장이에요. 그런 방법으로 죄의식을 높이는 수밖에 없어요. 그렇지 않고, 예를 들면 공창제 같은 방식으로 제도 안에 흡수하면 오히려 죄의식을 더 가지지 않기 때문에 문제를 풀 수 없을 것 같아요.

전아름＿＿＿ 갑자기 처벌을 강화한다고 해서 죄의식이 높아지나?

단편선＿＿＿ 최소한 도덕적 문제가 있으니까 처벌을 한다는 경고를 해야지. 진짜 나쁜 거라는 것을 알려 주는 거죠. 우리나라 문제가 뭐냐면 창녀촌에 가서 성매매를 하면 '진짜 나쁜 거다'라는 사회적 합의가 없거든. 정말 없어요.

임승수＿＿＿ 정말 그렇더라고요. 무슨 물건 사듯이 성매매를 하더라고요. 그러고는 잘못을 했다는 느낌도 없고.

단편선＿＿＿ 그런 상황에서 공창제까지 하면 정말 더 안 좋아지겠죠.

임승수＿＿＿ 내 돈 내고 내가 하는데 왜 그러느냐, 이런 식이더라고요. 깜짝 놀랐어. 그렇게 해서 성적 쾌감을 느끼는 것이 무슨 의미가 있는지 난 잘 모르겠는데……

전아름＿＿＿ 배설이죠. 배설……

박다함＿＿＿ 갑자기 우울해진다.

임승수＿＿＿ 저는 결혼 연령이 늦어지는 것에서 문제의식을 가지고 있어요.

결혼이 늦어지면 임신이 잘 안 돼요. 주변에 결혼 늦게 한 경우를 보니 임신을 했는데 유산되고 애가 착상이 안 돼서 문제가 많이 생기더라고요. 애를 낳으려면 좀 빨리 낳는 게 여자한테도 좋고, 애한테도 좋고, 여러 가지로 좋거든요. 그런데 결혼이 늦어지면서 그런 문제가 생기더라고요. 태어나는 후세대 애들에게 문제가 생기는 거야. 그건 그렇고 결혼 말고도 또 다른 문제는 없을까요?

단편선＿＿＿ 난 좀 그런 거 있어요. 소비적으로 사는 애들하고는 진짜 연애를 못 하는 게 있어. 내가 벌이가 없으니까 그런 애들은 일단 포기하고 들어가는 것도 있고, 문화적으로 너무 달라서 어차피 친해지지도 않고.

임승수＿＿＿ 얘기가 안 통하는 거군요.

단편선＿＿＿ 전 이미 삶의 방식 자체를 바꿔서 한 달에 한 30만 원 정도면 생활이 가능한 상황이에요. 거의 자전거 타고 다니고 그러니까. 이러면 비슷한 생각을 가진 애들을 만나야지.

전아름＿＿＿ 너는 비주류야.

연애 얘기를 시작하니 갑자기 분위기가 달라졌다. 말이 많아지고 대화가 오가는 템포가 아다지오에서 프레스토로 바뀐 것이다. 개인적이고 내밀한 문제라 말수가 줄어들면 어쩌나 싶었는데 불필요한 걱정이었다. 오히려 빨라진 템포를 따라가기 벅찼다.

**내 욕망은
내가
모델링한다**

임승수_____ 그러면 일 얘기도 했고 연애 얘기도 했는데 우리 얘기를 좀 정리해 볼까요? 생각해 보면 우리가 무엇을 욕망하느냐에 따라 사회가 그쪽 방향으로 조금씩 나아가는 것 같아요. 아무래도 사람들이 욕망하는 것을 조금씩 추구하다 보면 그 욕망들이 점점 현실이 될 것이고 그런 과정 속에서 사회가 그 방향으로 나아가게 되는 것이니까요. 그런 측면에서 보면 욕망이라는 것, 무엇을 바란다는 것은 커다란 힘을 가지고 있는 것 같습니다.

단편선_____ 우리가 풍족하게는 못 살더라도, 대신 우리가 하고 싶은 것을 잘 하면서 사는 것도 좋다고 생각해요. 그 대신 그런 삶을 가능하게 하는 모델들을 만드는 게 중요하다고 생각해요. 그래서 다른 사람들이 그 모델을 보고 선택을 할 수 있게 만드는 게 중요하다는 거예요. 저는 사람들이 활동가가 되는 건 쉽지 않다고 보거든요. 인민 전체가 활동가인 나라가 어디 있겠어요? 그런 나라는 존재할 수 없죠. 하지만 활동가가 되지는 않더라도 내가 살아 나가는 방식을 보고 다른 사람들이 저렇게 사는 것도 괜찮네, 하고 생각하고 선택할 기회를 계속 주는 것도 필요하다고 생각해요. 이렇게 조금씩 조금씩 바꿔 나가는 게 중요하잖아요. 저도 음악 활동을 하면서 그런 모델을 만들려고 이런

저런 실험들을 하고 있거든요. 음악가들이 서로 도우면서 함께 공동체 활동을 할 수 있는 틀을 고민하고 있어요. 그래서 좋아하는 음악도 지속적으로 하면서 생활이 가능한 모델을 찾는 거죠.

임승수___ 그러니까 이런 얘기네요. 다른 사람이 욕망할 만한 모델을 보여 줘서 같이 동참하게 만들자는 건가요?

단편선___ 네. 단순히 이것이 옳은 길이니까 함께 가자는 것으로는 설득력이 없어요. 그렇게 사는 것이 충분히 가능한 것이고 또한 그렇게 살아 보고 싶은 욕망이 생겨야 사람들이 그렇게 살아 볼 생각을 하는 거 같아요. 그런데 주변에 보면 그저 옳은 일이기 때문에 함께하자는 정도에 그치는 경우가 많은 것 같아요. 저희가 5월 1일 노동절에 밴드 공연을 엄청 크게 했거든요. 혹시 오셨는지 모르겠는데 2,000~3,000명 정도 왔었거든요. 진짜 많이 왔어요. 밴드도 60군데 넘게 참여하고요. 그런데 저희가 밴드 섭외할 때 수익을 공평하게 나누겠다고 했거든요. 사실은 이전까지는 페이(pay)를 제대로 주던 사람이 한 명도 없었어요. 지금까지도요. 원래 페이를 안 줘요, 밴드 공연에는.

박다함___ 어떤 친구는 밴드 생활을 6년 하면서 페이를 처음 받았다고 하더라고요. 처음에는 페이를 안 주는 클럽이 문제라고 생각했는데 나중에 곰곰이 생각해 보니까 당당하게 페이를 요청하지 않은 밴드도 문제인 거예요. 저 같은 경우에도 이렇게 음악을 하고 기획자를 하기 전에 저한테 롤모델이 된 사람이 있어요. 그 사람이 그러더라고요. 10년 동안 기다렸는데 등장한 게 저라고. 이렇게 계속하고 있으면 누군가 자기를 보고 따라올 사람이 등장할 줄 알았는데, 10년 만에 등장을 했고 그래서 너무 고맙단 얘길 하는 거예요. 저도 지금 기획 사업을 한 지 5년 정도 됐거든요. 저도 이런 기획사 계속하고 있으니까, 사람들이 내가 이렇게 하고 있는 것을 보고 '어려운 거 아니다, 마음만 먹으면 기획하고 할 수 있다'고 생각하기를 바라요.

임승수_____ 그냥 단순히 당위만으로 이래야 한다는 것으로는 설득력이 없고, 그것이 진짜 해 볼 만한 것이고 내가 한번 꿈꿔 볼 만한 것이라는 걸 눈앞에 들이밀고 보여 주고, 그 가능성을 설득해 낼 수 있어야지 사람들이 욕망할 수 있다는 것이군요.

단편선_____ 그런 것 같아요. 사실은 제도는 어차피 따라 주지 않는 상황이고 한계가 분명히 있거든요. 그래서 조그만 실천이라도 직접 눈으로 보여 줄 수 있는 것을 하는 거죠. 그래서 생각은 넓게 하고 행동은 좁게 하라고…….

임승수_____ 생각은 혁명적으로 하고 행동은 개량적으로 하라고? 나쁜 의미로 그런 얘기가 아니고…….

박다함_____ 보통 우리가 어떤 모델을 만든다고 얘기하면은 사람들은 되게 거창한 것을 생각하잖아요. 제도를 어떻게 만들어야 한다, 이렇게 생각하는 사람들이 많은데, 물론 그것도 해야 할 부분이겠지만 누구나 정치인이 될 것이 아니라면 자기 삶에서 어떻게 모델을 만드는지가 중요하고 친구들하고 어떤 모델을 공유할 수 있을지가 중요하다고 봐요. 마포 쪽에 있는 '민중의 집', '성미산 공동체'처럼 지역 내에서 거점을 만들고 사람들을 만나고 계속 거기에 사는 동네 사람들을 위하는 그런 것들을 해 나가는 것이 중요한 것 같아요.

'욕망'은 활화산과 같다. 스스로 완전히 통제할 수 있다면 그것은 진정한 욕망이 아닐 것이다. 욕망에 대한 수다도 마치 활화산과 같았다. 젊은 세 친구들의 대화를 내 뜻대로 통제할 수 있을 거라는 생각은 완전한 오판이었다. 어디로 튈지 모르는 대화들과 거침없는 발언들을 정리하느라 땀 깨나 뺐다. 대담을 가장한 수다를 읽고 어떤 분들은 솔직함이 맘에 들지도 모르겠고, 어떤 분들은 자유분방하다 못해 방만해 보이기까지 하는 대화에 혀를 내두를지도 모르겠다. 하지만 어쩌겠는가? 그것이 청춘이고, 그것이 욕망이다. 진정한 변화는 현실을 인정하고 받아들이는 데서 시작하지 않겠는가? '88만원 세대'의 욕망은 그 자체로 현실이다. 그것을 진지하게 대하는 것에서부터 변화는 시작될 것이다.

4

선생님,
노동이 뭐예요?

하종강의 노동 백과

철수와영희

노동은 개인에게는 생존하기 위해서 또 삶의 보람을 느끼기 위해서 필요하고,

사회 전체적으로는 사회가 유지되고 발전하기 위해서 반드시 필요한 거라고 볼 수 있어요.

노동이 없는 세상을 한번 생각해 봐요.

사람들이 노동을 중단하면 전기도 바로 끊겨 버릴 테고, 모든 통신수단도 다 끊겨 버릴 거고,

사람이 살아가는 게 불가능해질 수밖에 없어요.

그러니까 이 세상에 반드시 필요한 행위가 노동이죠.

선생님,
노동이 뭐예요?

이야기, 하나
......

공부도 노동인가요?

이야기, 둘
......

왜 노동 기준법이 아니라
근로 기준법인가요?

이야기, 셋
......

연예인과 운동선수도 노동자인가요?

이야기, 넷
......

왜 파업을 하나요?

이야기, 다섯
......

즐겁게 노동하면서 살 수는 없나요?

공부도 노동인가요?

노동을 두 종류로 구분해서 보면 쉽게 이해할 수 있어요.
사람들이 땀 흘려 열심히 하는 일, 이걸 다 노동이라고 한다면 공부도 노동이죠.
그런데 좁은 의미로 노동을 자본주의 사회에서 생존하기 위해서, 또 삶의 보람을 느끼기 위해서
다른 사람에게 고용돼서 열심히 일하는 것이라고 본다면
공부는 노동이 아니죠.

 노동이 뭔가요?

노동은 넓은 의미의 노동과 좁은 의미의 노동으로 나눌 수 있어요. 넓은 의미의 노동은 사람들이 하는 모든 일들이에요. 먹고살기 위해서 일하는 것은 물론이고 어떤 사람이 취미로 열심히 뭘 하는 것도 넓은 의미의 노동으로 들어갈 수가 있어요. 사전은 "자연 상태의 물질을 인간 생활에 필요한 것으로 변화시키는 활동"이라고 고상하게 표현하고 있지요.

신문이나 방송에서 말하는 '노동'은 대부분 좁은 의미로, 보통 다른 사

람에게 고용된 상태에서 하는 일을 뜻합니다.

넓은 의미에서는 사장이 일하는 것도 노동이라고 볼 수 있겠지만 사회과학적으로 노동이라고 할 때에는 다른 사람에게 고용돼 있는 상태에서, 정확하게는 생산 수단을 소유하지 못한 상황에서 자기가 살아갈 수 있는 근거를 마련하기 위해 하는 일을 뜻하지요.

 왜 노동이 필요한가요?

개인의 입장과 사회 전체의 입장, 이렇게 두 가지로 나누어 생각해 볼 수 있어요.

첫 번째, 개인의 입장에서 볼 때 노동은 생존하기 위해서 필요하죠. 그리고 단순히 생존을 위한 것뿐 아니라 노동을 하면서 보람과 가치를 느낄 수 있기 때문에 필요합니다. 생존하기 위해서 하기 싫은 일을 억지로 하는 노동은 오래 하기 어려워요. 오래 하려면 노동을 통해서 생존의 근거도 마련하면서 동시에 삶의 보람도 느낄 수 있어야 해요. 이 두 가지가 다 충족이 돼야죠.

다만 어떤 사람에게는 삶의 근거를 마련한다는 것이 더 큰 비중을 차지하기도 하고, 어떤 사람에게는 보람을 느낀다는 것이 더 큰 비중을 차지하기도 하는 그런 차이는 있어요.

두 번째, 사회 전체의 입장에서 보면 노동이 없으면 사회가 지탱될 수가 없어서 꼭 필요하지요. 사람들이 늘 이용하는 버스나 전철도 노동을 통해서 만들어집니다. 그리고 누군가 그 버스나 전철을 열심히 운전하는 노동을 했기 때문에 우리가 먼 거리를 이동할 수 있어요. 노동이 없으면 우리 사회가 유지될 수가 없기 때문에 반드시 필요한 거죠.

노동은 개인에게는 생존하기 위해서 또 삶의 보람을 느끼기 위해서 필요하고, 사회 전체적으로는 사회가 유지되고 발전하기 위해서 반드시 필요한 거라고 볼 수 있어요. 노동이 없는 세상을 한번 생각해 봐요. 끔찍하지요. 사람들이 노동을 중단하면 전기도 끊겨 버릴 테고, 통신수단도 다 끊겨 버릴 거고, 사람이 살아가는 게 불가능해질 수밖에 없어요. 그러니까 이 세상에 반드시 필요한 행위가 노동이죠.

노동은 언제 생겨났나요?

넓은 의미의 노동은 인간이 지구 상에 태어나면서부터 생겼어요. 원시 시대에 사람들이 어떻게 살았겠어요? 들판을 뛰어다니면서 사냥도 하고 나무에 올라가서 과일도 따고 하면서 먹고 살았겠지요. 그게 다 넓은 의미의 노동이에요.

그런데 인간이 다른 동물과 구별되는 중요한 차이 중의 하나는 그런 노동을 통해서 계속 진화했다는 거죠. 저 동물은 뛰어가서 잡기가 굉장히 어렵고 또 내가 다칠 수도 있을 텐데 요걸 어떻게 하면 쉽게 잡을 수 있을까? 계속 이렇게 머리를 쓰면서 연구했어요. 그러다 보니 아, 이렇게 돌을 뾰족하게 갈아서 창이나 칼로 만들어서 쓰면 좋겠다. 그런 생각을 하게 됐죠. 이렇게 노동하는 과정 속에서 인간의 두뇌도 계속 발전하고 진화했어요. 결국 노동은 인간이 다른 동물과 구별될 수 있도록 진화하는 데 굉장히 중요한 영향을 미쳤어요.

좁은 의미의 노동은 사실 생긴 지 얼마 안 됐죠. 역사 속에서 한 300년 정도 됐습니다. 학교에서 매뉴팩처(공장제 수공업), 러다이트 무브먼트(19세기 초 영국에서 일어난 기계 파괴 운동), 산업 혁명…… 이런 거 배우잖아요. 그때부터 요즘 우리가 말하는 노동이 생긴 거지요. 다른 사람에게 고용된 상태에서, 그 사람의 지시와 감독을 받고 일하는 노동을 말하는 건데, 요즘 우리가 노동자, 노동조합, 노동 문제…… 이렇게 이야기할 때의 그 노동이라는 단어는 근대 이후 산업사회, 곧 자본주의 사회의 노동을 말하는 거예요.

자본주의 사회에서는 생산 수단을 가지고 있는 사람과 가지고 있지 못하는 사람, 그렇게 구별할 수 있어요. 경제학 교수들한테 노동자를 구분하는 가장 중요한 기준은 뭡니까? 이렇게 물어보면 "열심히 땀 흘리면서 고생하는 사람." 그렇게 설명하지 않고 가장 중요한 기준인 생산 수단을 가지고 있느냐, 가지고 있지 않느냐 하는 것으로 본다고 설명해요. 쉽게 말하면 다른 사람에게 고용돼 있느냐 아니냐 하는 것인데, 그러한 기준의 노동이란 자본주의 사회에서 생겼다고 보는 거죠.

우리나라는 조선 시대까지는 중세 사회에 속하고 그 이후부터 지금까지를 자본주의 사회라고 볼 수 있는데, 그렇다면 자본주의 사회 이전에는 지금과 같은 노동이 없었냐 하는 질문을 해 볼 수 있어요. 비슷한 노동은 있었어요.

TV에서 방영됐던 〈추노〉라는 드라마를 보면 노비들이 나오잖아요. 그 노비나 머슴들이 지금 자본주의 사회의 노동자 비슷하게 열심히 일했던 사람들인데, 지금 노동자와 다른 점이 뭐냐 하면, 양반에게 신분상으로 예속돼 있었다는 거죠. 지금 노동자들처럼 출퇴근하면서 자기 마음대로 회사를 그만둘 수 있는 존재가 아니었잖아요. 지금 있는 양반댁이 싫다고 다른 양반댁으로 옮기는 게 불가능했잖아요. 지금 노동자와는 굉장히 다른 존재이지만 조선 시대의 노비니 머슴이니 이런 사람들도 다 노동을 담당했다고 볼 수 있어요. 그 시대에는 농사짓는 땅을 다 양반들이 가지고 있었으니까, 곧 양반은 생산 수단을 가지고 있었고 노비나 머슴들은 생산 수단을 가질 수 없었다, 그렇게 말할 수 있지요.

지금 자본주의 사회의 노동자가 조선 시대의 노비나 머슴과 다른 중요한 차이가 뭘까요? 지금 노동자들은 회사의 소유물이 아니라는 거죠. 기업과 동등한 관계에서 일정한 계약을 맺고 열심히 노동을 하고 임금을 받는, 그런 계약을 한 존재라는 거죠.

중세 사회 이전에는 자본주의 사회의 노동자와 비슷한 노동자가 없었겠느냐? 그때에도 있었어요. 중세 사회 이전은 고대 노예제 사회라고 하는데 우리가 흔히 영화에서 볼 수 있는 그리스·로마 시대가 대표적인 고대 노예제 사회거든요. 그 시대에도 귀족들에게 속해서 열심히 노동을 하는 사람들이 있었는데 그 사람들을 노예라고 불렀어요. 그 당시에도 귀족과 노예의 차이가 뭐냐 하면 귀족은 생산 수단을 가지고 있는 사람들이었고, 노예는 전혀 없는 상태에서 마치 물건처럼 귀족에게 소유돼 있었다는 거죠. 고대의 귀족들은 노예를 물건처럼 사고팔기도 했고, 노예가 병에 걸리면 내다 버리기도 하고 그랬어요.

지금 회사는 노동자들을 절대로 그렇게 할 수 없잖아요. 인류 역사는 노동을 담당하는 사람들이 조금씩 더 인간답게 살 수 있는 방향으로 변화됐다고 볼 수 있죠.

이익 없이 좋아서 하는 일도 노동인가요?

한푼의 임금도 받지 않고 정말 열심히 하는 자원 봉사 활동, 얼마나 힘들어요? 그게 노동이 아니다, 이렇게 말할 수는 없잖아요. 넓은 의미에서는 보람을 느낄 수 있는 소중한 노동이지요. 그런데 그것을 통해 생존의 근거를 마련하지는 않기 때문에 좁은 의미에서는 노동이라고 보기 어렵죠.

더불어 생각해 볼 것은, 사장 혼자 기계 하나 갖다 놓고, 사장인지 노동자인지 구별이 안 되게 기름때 절은 작업복 입고 열심히 일하는 이런 공장들이 있잖아요. 혼자 운영하는 작은 공장의 사장, 그 사람이 열심히 땀 흘리고 일하는 건 노동이 아니냐? 물론 그것도 노동이죠. 그러나 넓은 의미의 노동인 거죠. 일단 그 사장은 굉장히 영세한 작은 회사이기는 하지만 생산 수단을 가지고 있는 거잖아요. 그러니까 좁은 의미에서 볼 때는 노동이 아니지만 넓은 의미에서는 노동에 속한다고 볼 수 있는 거예요.

 엄마가 하는 일과 아빠가 하는 일, 즉 여자와 남자가 하는 일이 나눠져 있나요?

법률적으로는 거의 나눠져 있지 않아요. 그리고 예전에는 나눠져 있던 일들이 지금은 그 구분이 점점 없어지고 경계가 허물어지고 있어요. 예전에는 여자는 집안일을 열심히 하고, 남자는 회사 일 열심히 하면 된다고 생각했는데 사회가 발전하면서 그런 구분이 점점 없어지고 있어요. 요즘은 오히려 집안일을 전혀 하지 않는 남자는 올바른 사람으로 취급당하지 않는 사회죠.

제 자랑을 하나 하자면, 한 신문사에서 '올해의 민주 부부', 처음에는 민주 부부였다가 나중에 평등 부부로 바뀌었는데 그런 시상 제도가 있었어요. 그 상을 처음 받은 사람이 바로 접니다. 세 쌍의 부부를 뽑았는데 우리 부부가 포함됐죠. 한 일간지가 그 사실을 크게 보도하면서 인터뷰도 하고 그랬어요. 그때 기사 제목이 '밥, 빨래도 하는 민주 남편'이었어요. 다음 날 출근했더니 친구들이 전화를 해서 '야, 인마, 남자 망신을 시키려면 혼자나 하지 그걸 신문에 내냐?' 농담 반 진담 반 그렇게 놀렸어요. 그게 벌써 거의 30년 전 일이에요. 그때는 그랬지만 지금은 남자가 집안일을 열심히 하는 게 전혀 흠이 되지 않고 오히려 그런 걸 하지 않는 사람이 생각이 모자란 남편으로 인식되는 사회로 발전했어요.

법률적으로 보면 남자가 하는 일, 여자가 하는 일이 나눠져 있지 않지만 근로 기준법에는 굉장히 힘든 일, 또는 밤에 하는 일은 여성이나 청소년에게는 시키지 못한다, 이런 규정이 있어요. 건강에 해로운 일들로부터 여성이나 청소년을 보호하는 규정이 있지만 그 외에는 남자 일, 여자 일이 나눠져 있지는 않아요.

선진국일수록 남자만 하던 일처럼 생각되던 일을 여자들이 많이 합니다. 그런데 우리나라는 고위 관리직의 여성 노동자 비율이 OECD 가입 국가들 중에서 최하위예요. 그리고 남녀 성별 임금 격차가 OECD 국가들 중에서 최고로 높습니다. 여성과 남성의 임금 차이가 작을수록 바람직한 사회입니다.

유럽 나라들에서는 주식회사 이사 중에 40%를 의무적으로 여성으로 구성해야 하는 법을 만들기도 했어요. 여성의 사회 진출을 권장하는 것은 옳은 일이지만 그걸 법으로까지 규정해서 이사 중의 일정 비율을 여성이 차지하지 않으면 하루아침에 불법 회사로 만들어 버리는 건 너무 심한 게 아니냐, 그런 의견도 있었지만 그 법이 통과가 됐어요. 이후 어떤 사장이 우리 회사 이사가 몇 명이니까 그 중에 여성이 몇 명 있어야 되는데 아무리 노력을 해도 이사로 올 수 있는 여성을 찾을 수가 없었다, 그렇다고 내일부터 우리 회사가 불법 단체가 돼야 합니까? 이런 하소연 하는 뉴스를 본 적이 있어요. 선진국에서는 그런 강제적인 조치를 취해서라도 여성의 사회 진출이 점점 많아지는 게 올바른 거다, 그렇게 판단한 거죠.

우리나라는 남녀 임금 격차가 선진국들 중에서 가장 심한 나라라고 했잖아요. 그래서 어떤 문제가 생기냐 하면, 여성학을 연구하는 교수님 논문을 보니까, 내국인을 상대로 한 성매매 산업이 전국 방방곡곡에 번창해 있는 사회는 한국밖에 없다는 겁니다. 성매매가 많은 나라가 있지만 대부분 관광객을 상대로 하는 거지 우리처럼 무슨 이발소, 노래방, 휴게실, 티켓 다방, 룸살롱, 안마 시술소 등 온갖 다양한 형태로 성매매 산업이 전국 방방곡곡에 퍼져 있는 나라는 찾을 수 없다는 거예요.

이렇게 성매매 산업이 번창하는 중요한 구조적인 요인이 뭐냐 하면 성별 임금 격차가 가장 심각한 나라이기 때문이랍니다. 여성의 사회 진출이 어렵고 저임금을 받는 상황이 여성들을 성매매에 내모는 중요한 요인이 될 수 있다는 거예요.

노동을 하면 좋은 점이 뭐지요?

노동을 하면 일단 살아갈 수가 있습니다. 열심히 일하면 먹고살 수 있고 집도 마련할 수 있고 자녀 교육도 시킬 수 있지요. 그런데 인간은 빵만으로는 살 수 없다, 이런 말이 있잖아요. 노동을 하면 빵 문제가 해결되지만 그 밖의 다른 게 꼭 필요하다는 거죠.

자신이 하는 노동을 통해서 삶의 보람을 느낄 수 있어야 한다는 겁니다. 우리 아들아이가 컴퓨터 관련 공부를 하는데 미니홈피에 들어가서 한번 보니까 이런 글을 썼어요. "컴퓨터 프로그램의 신기한 점은 전혀 해결되지 않을 것처럼 보였던 문제가 며칠 밤을 새우면 풀린다는 것이다." 이런 내용을 게시판에 써 놨더라고요. 전혀 해결되지 않을 것처럼 보였던 문제가 며칠 밤을 새우니까 새벽녘에 풀리더라, 그런 게 바로 우리가 말하는 보람이라는 거잖아요.

회사에 다니면서도 굉장히 어려운 일인데 열심히 했더니 해결되더라, 이런 데서도 보람을 느낄 수 있고, 다른 사람들보다는 내가 좀 더 일을 잘한다, 이런 것도 보람일 수 있고, 아주 세속적으로 이야기하면 다른 사람보다 좀 빨리 승진했다는 점도 보람을 느낄 수 있는 이유가 될 수 있겠죠. 꼭 그 노동 자체에 보람을 느낄 수 있는 건 아니라 해도 열심히 하고 나서 뭘 성취했다는 것에서 보람을 느낄 수도 있다는 거죠.

제가 볼 때 가장 바람직한 직업은 취미와 직업이 일치된 경우예요. 자기가 좋아하는 일을 했는데 그게 자기가 먹고살 수 있는 수단도 되는 그런 것이 가장 행복한 노동이라는 생각이 들어요. 아무나 할 수는 없는 일이지만 가능하면 많은 사람들이 그렇게 살 수 있는 사회가 좋은 사회입니다.

예를 들어서 박태환처럼 수영을 열심히 하는 사람은 올림픽에 나가서 금메달을 따는 것으로 보람을 느끼기도 하지만, 수영을 좋아하는 사람이 동네 작은 체육관 수영장에서 평생 동안 마을 사람들에게 수영을 가르치면서, 어린아이부터 노인들까지 물에 잘 떠서 원하는 방향으로 갈 수 있도록 아주 재밌고 쉽게 가르치는 일을 평생 하며 사는 것도 보람일 수 있는 거거든요. 문제는 그렇게 사는 사람들이 그 일을 통해서 충분히 살아갈 만큼 임금을 받을 수 있도록 해야 한다는 거죠.

그런 나라들이 실제로 있어요. 스웨덴, 핀란드, 네덜란드 같은 북유럽 나라들은 수영 코치의 월급이 대학교수랑 비슷해요. 벽돌 기술자나 배관 기술자 수입이 의사랑 크게 차이가 안 나거든요. 그렇게 하니까 교육 문제가 해결되더라는 거죠. 대학에 안 가도 행복하게 살 수 있으니까, 고등학교 입시 지옥 문제부터 몽땅 풀리는 거죠.

먹고살기 위해서 싫은 일을 억지로 하면서 평생을 살아가면 그 인생이 얼마나 불행해요. 내가 이렇게 열심히 했더니 뭔가 좋은 성과가 있더라, 그렇게 돼야지요. 노동을 하면 생존할 수가 있고 삶의 보람도 느낄 수 있다. 이 두 가지가 노동의 좋은 점이에요.

아, 더 좋은 점이 있네요. 노동을 하면 다른 사람에게 뭔가 도움이 될 수 있어요. 물론 자기가 생존하기 위해서 열심히 노동을 했지만 결국 그 일이 회사에 도움이 된다거나 그 사회 전체에 도움이 돼요. 옷 만드는 회사에서 내가 열심히 옷을 만들었다고 그 옷을 자기가 입는 게 아니지만, 누군가 다른 사람이 입는 거잖아요. 노동을 하면 자기에게만 도움이 되는 게 아니라 다른 사람에게도, 사회 전체에도 도움이 될 수 있다는 것. 그것이 세 번째로 중요한 좋은 점이겠네요.

왜 노동 기준법이 아니라 근로 기준법인가요?

일본의 노동 기준법을 보고 노동이라는 단어만
전부 근로로 바꾸다시피 해서 근로 기준법을 만든 거예요.
기득권 세력이 노동이라는 단어를 워낙 싫어하니까 단어를 근로로 바꾼 거지요.
노동조합법은 차마 근로조합법 이렇게 바꾸지는 못했어요.
노동조합이라는 명칭이 워낙 통용되고 있었으니까.

 노동자는 왜 생겨났나요?

우선 우리 조선 시대부터 봅시다. 조선 시대에는 양반, 상놈 구별이 있었
어요. 양반들은 대개 논밭을 가지고 있었지요. 그 시대의 생산 수단은 대
부분 논밭이었어요. 물론 대장간 같은 시설도 소규모 있었지만 그 당시
경제 활동 대부분은 논밭에서 농사짓는 일이었거든요.

상놈은 양반 소유 논밭에서 열심히 땀 흘리고 농사를 지었지만 자기
들은 조금밖에 못 먹고 대부분은 양반들이 가져갔어요. 그렇게 사회가 유

지됐죠.

지금은 양반, 상놈 이렇게 구별돼 있지 않잖아요. 신분 제도가 없어져 버렸잖아요. "만인은 평등하다." 이런 말은 곧 신분상 차이가 없다는 겁니다.

그런데 이상한 점이 있어요. 만인은 평등하다고 이야기하지만 가만히 보면 평등하지 않은 게 있어요. 어떤 사람은 굉장히 돈이 많고 어떤 사람은 돈이 거의 없죠. 회사를 소유하고 경영하는 사람이 있는가 하면 그 회사에 취직해서 열심히 일하면서 월급 받는 사람이 있거든요.

노동자라는 존재가 언제부터 지구 상에 생겼냐 하면, 공장제 수공업이 생기면서부터예요. 자기 집에서 재료를 가져다가 열심히 신발이나 옷을 만드는 것을 가내 수공업이라고 하지요. 공장제 수공업은 가내 수공업과 달리 여러 사람들을 한 장소에 많이 모아 놓고 일을 시키는 형태입니다.

물론 소생산 자영업자라는 사람들도 있었어요. 예를 들어 대장간에서 대장장이가 열심히 쇠를 녹여 가지고 뭘 만들잖아요. 그리고 그거를 자기 대장간 앞에 쫙 진열해 놓고 팔거든요. 그럼 그 사람은 소생산 자영업자인거예요. 자기가 직접 만든 물건을 자기 가게에서 팔고, 생산과 판매를 겸하고 있는 거죠. 신발도 마찬가지죠. 숙련공이 열심히 신발을 만들어서 자기 가게에 진열해 놓고 팔죠. 그 사람이 소생산 자영업자예요.

우리말의 가게를 영어로 'shop'이라고도 하고 'store'라고도 하잖아요. 'shop'과 'store'의 차이는 뭘까요? 지금은 이 구분이 거의 없어졌는데, 본래 'shop'은 만들기도 하고 팔기도 하는 곳이고, 'store'는 물건을 가져다가 파는 곳, 이런 구분이 있었다고 해요. 중학교 때 영어 선생님이 그렇게 설명하신 기억이 있는데, 사전에는 그런 설명이 없더군요. 요즘 두 단어는 거의 구별 없이 쓰이거나 규모가 작은 곳은 'shop', 좀 큰 곳은 'store' 이렇게 구분한다는 설명도 있기는 하더군요.

자기가 만든 물건을 자기가 운영하는 가게에서 파는 소생산 자영업자들 중에 돈을 많이 모은 사람이 당연히 생겼겠지요. 그러다 '아, 내가 혼자 만들어서 혼자 팔면 이익이 적지만 사람들을 많이 불러다가 기술을 가르쳐서 일을 시키면 더 돈을 많이 벌 수 있겠구나.' 그런 생각을 하게 됩니다. 그래서 공장이라는 걸 만들어서 노동자들을 고용하게 된 거죠.

수공업이라는 게 무슨 뜻이에요? 사람들이 손으로 만들었다는 뜻이에요. 그래서 공장제 수공업이라고 부르는 겁니다. 영국에서는 16세기부터 이런 현상이 생기게 됩니다. 좁은 의미의 노동을 하는 노동자란 그렇게 해서 생긴 겁니다.

 ## 노동자와 자본가는 어떻게 구분하나요?

노동자는 고생을 굉장히 많이 하고 힘들게 일하는 사람, 자본가는 땀 많이 흘리지 않고 편하게 일하는 사람, 이렇게 구분할 수도 있지만 그건 올바른 구분은 아니에요. 자본가라고 해도 땀 흘리면서 열심히 일하는 사람들이 있어요. 가장 중요한 기준은 생산 수단입니다. 이걸 가지고 있으면 자본가, 가지고 있지 못하면 노동자라는 겁니다.

자본가라고 다 편하고 노동자라고 다 고생하는 것은 아니에요. 고생하는 자본가도 있고, 편하게 일하는 노동자도 있어요. 쾌적한 사무실에서, 더운 여름에 냉방 시설이 잘된 시원한 곳에서 힘들지 않게 일하는 사람도 그 회사가 자기 것이 아니면 노동자인 거죠. 노동자인가 아닌가 명확히 구분하기 어려운 경계선에 있는 직업을 예를 들어 보면 더욱 분명하게 알 수 있어요.

대학교수는 노동자일까요 아닐까요? 노동자라고 볼 수 있죠. 대학이 자기 것이 아니잖아요. 대학에 고용돼 있는 사람이잖아요. 대학교수도 노동자예요.

포장마차 주인이나 노점상 주인, 빵집, 식당, 꽃집을 운영하는 사람들은 고생하면서 어렵게 일하지만 자기 가게를 가지고 운영하기 때문에 노동자라고 보기 어렵죠. 굳이 구분하자면 생산 수단을 소유하고 있는 자본가인 거죠. 그 사람들을 보통 자영업자라고 부릅니다. 새벽에 일어나서 열심히 일하고 고생도 많이 하지만 자기가 직접 경영하는 소규모 자본가인 거죠.

그러니까 자본가도 다양하다는 것을 알 수 있어요. 재벌도 있지만 영세한 노점상 주인도 있죠. 중소 영세 자본가들은 노동자들과 친하게 지내는 경우도 많습니다. 자본가라고 해서 다 노동자들하고 대립하는 관계에 있는 건 아니에요. 중소 영세 자본가들은 노동자들과 같은 입장을 가지게 되는 경우가 많죠.

 ## 노동자와 전문 경영인의 차이는 무엇인가요?

전문 경영인을 흔히 CEO라고 하지요. 주식을 많이 가지고 있으면 회사를 소유할 수도 있어요. 전문 경영인은 저 사람을 사장으로 모셔 오면 경영을 잘해서 우리 기업에 큰 도움이 되겠다는 생각으로 주주총회에서 결정을 해서 초빙하지요. 이런 전문 경영인, 흔히 말하는 대기업의 CEO들은 자본가에 속한다고 봐요.

최근 8·15 광복절 때 대통령이 특사를 했어요. 특사를 받은 사람 중에 노동 운동하다가 잡힌 사람, 도시 빈민 재개발 철거 반대 활동하다가 구속된 사람은 한 명도 포함되지 않았어요. 대표적으로 삼성의 이 아무개 부회장, 이런 사람들이 사면 대상에 포함됐잖아요. 그런 전문 경영자들을 노동자라고 보지는 않습니다. 자본가와 이해관계가 정확히 일치하는 사람들이어서 자본가의 범주에 속한다고 봅니다.

전문 경영인들도 처음에는 노동자부터 시작하는 사람들이 많아요. 회사의 말단 사원으로 취직해서 능력 인정받으면서 계속 승진을 거듭해서 CEO가 되는 거죠. 보통 대학에서 경영학 전공하는 학생들의 장래 희망은 90% 이상이 CEO예요. 그 대학생들도 노동자부터 시작하게 될 겁니다. 그래서 저는 대학생들에게 노동 문제가 곧 당신의 문제입니다, 그렇게 얘기합니다.

 정규직과 비정규직의 차이는 무엇인가요?

정규직과 비정규직을 구별하는 가장 중요한 기준은 계속 일할 수 있느냐 아니냐 하는 것입니다. 정규직은 한번 취업하면 특별한 잘못이 없는 한 정년퇴직할 때까지 계속 일할 수 있지만, 비정규직은 계약 기간이 정해져 있어서 그 기간이 끝날 때마다 계속 일할 것인지, 아니면 그만둘 것인지를 회사가 결정하는 것이지요. 그러니까 어떤 사람이 회사에 취업했는데 3개월, 6개월, 또는 1년 단위로 계속 계약을 다시 해야 되는 사람이라면 비정규직이에요. 물론 다른 형태의 비정규직도 많지만 우선 중요한 기준은 그겁니다.

요즘 공무원이나 교사가 되고 싶어 하는 사람들이 많은데, 사실 공무원이나 교사들의 임금이 그렇게 많은 편은 아니거든요. 그런데 사람들이 선호하는 이유는 공무원이나 교사들은 특별한 잘못이 없는 한 정년퇴직할 때까지 근무할 수 있는 대표적인 정규직이라는 거죠.

비정규직을 부르는 명칭이 굉장히 많아요. 계약직, 임시직, 촉탁직, 견습, 수습…… 이렇게 불리는 사람들이 모두 비정규직이에요. 일정 기간이 끝나면 그때 다시 재계약할까 말까를 결정해야 한다는 거죠. 대개 일방적으로 회사가 결정하기 때문에 많은 불이익이 있지요.

비정규 노동자를 만나 보면 "화장실 한번 마음대로 못 가면서 1년 동안 열심히 일했어요." 이런 얘기를 해요. 왜 화장실 한번 마음대로 못 갔을까요? 어떤 비정규직은 화장실도 잘 안 가고 참으면서 회사 일만 열심히 했어요. 그런데 어떤 비정규직은 '사람은 화장실 다닐 권리는 있어야 돼'라면서 원할 때마다 화장실을 마음대로 갔다 왔어요. 그러면 경영자는 둘 중에 누가 더 예뻐 보일까요? 화장실도 가지 않고 열심히 일하는 사람이 훨씬 더 예쁘게 보이는 거죠. 화장실을 자기 마음대로 다닌 사람은 전혀 잘못이 없지만 미워 보이는 거예요. 계약 기간이 끝나고 그런 사람들은 계약이 안 되는 거죠. 왜냐하면 화장실도 안 가면서 열심히 일할 사람들이 많이 있으니까 "너 그렇게 똑똑해? 너 계약 연장 안 하겠어." 이렇게 되는 거죠.

어떤 비정규직 노동자는 실제로 "어제가 아버님 제삿날인데, 회사에 휴가 신청을 못 했어요. 내년에 계약 연장이 안 될까 봐요. 작년에 휴가 쓴 사람들 모두 계약 연장이 안 됐거든요"라고 말해요. 이게 비정규직 고용 계약의 가장 비인간적인 면이에요. 노동자가 인간답게 살기 위해서 회사에 뭔가 요구할 수 있는 권리를 원천적으로 봉쇄해 버리는 아주 나쁜 제도가 비정규직 제도입니다.

경영자 입장에서는 비정규직이 굉장히 편리하겠죠. 자기 입맛에 맞는 사람만 골라 쓸 수 있고 임금도 적게 줄 수 있으니까. 경영자 입장에서는 유리하지만 사회 전체적으로 유익할까요? 절대로 그렇지 않다는 거거든요. 비정규직은 기업에게 잠깐 동안만 유익할 뿐 사회 전체엔 굉장히 해로운 제도입니다.

비정규직이 왜 만들어졌나요?

우리나라에는 비정규직이 얼마나 되나요?

예전에도 비정규직이 있었지만, 중요한 사회 문제가 되기 시작한 것은 1997년에 겪은 외환 위기 이후에요. 외환 위기 때 우리나라 기업들이 경영이 어려워지니까 노동자들을 많이 해고하고, 정규직 직원들은 비정규직으로 전환시켰어요.

외환 위기가 지나고 기업들 경영이 정상화돼서 다시 사람들을 채용할 수 있게 됐을 때도 신규 채용 인원을 대부분 비정규직으로 고용했어요. 이때부터 한국 사회에 비정규직이 급속히 많아지기 시작한 거죠. 과거에는 지금처럼 비정규직이 많지 않았어요.

보통 노동자가 1,600만 명이다, 이렇게 이야기하는데, 2009년 3월 통계로 그중에 비정규직은 841만 명이에요. 정규직은 767만 명입니다. 비정규직 비율이 52.3%나 되는 거죠. 비정규직이 전체 노동자의 절반 이상이나 되는 나라는 거의 없어요.

우리가 보통 '선진국'이라고 얘기하는 나라들은 비정규직의 비율이 굉장히 낮아요. 많다 그래 봐야 30% 정도이고 비정규직이 전체의 10% 선에 머물러 있는 나라들도 많습니다.

1990년대에 비정규직을 많이 늘렸던 나라들이 2000년대에 들어서면서부터는 비정규직이 장기적으로 볼 때는 그 나라 경제에 유익하지 않다는 걸 깨닫고 비정규직 수를 점점 줄이고 비정규직과 정규직의 차별을 좁히기 위해 노력하기 시작했는데 한국은 그 반대입니다. 다른 나라들은 과거의 아픈 경험을 통해서 비정규직을 줄이기 시작할 때 우리나라는 비정규직이 본격적으로 많아지기 시작한 거죠. 비정규직이 점점 많아지는 것을 세계적인 추세라고 보기는 어렵습니다.

노동자와 근로자의 차이는 무엇인가요?
왜 사람들은 노동자를 근로자로 부르나요?

국어사전을 찾아보면 '근로자'에 대해서는 설명이 짧고 간단해요. "근로에 의한 소득으로 생활을 하는 사람." 이렇게 되어 있어요. 그런데 '노동자'에 대해서는 설명이 조금 더 길고 자세해요. "노동력을 제공하고 얻은 임금으로 생활을 유지하는 사람. 법 형식상으로는 자본가와 대등한 입장에서 노동 계약을 맺으며, 경제적으로는 생산 수단을 일절 가지는 일 없이 자기의 노동력을 상품으로 삼는다"라고 나와 있는 걸 알 수 있습니다.

현대 산업 사회, 곧 자본주의 사회에서 직장인들을 표현하는 정확한 단어는 노동자예요. 그런데 '근로자' 하면 '시키는 대로 열심히 땀 흘리며 일하는 사람' 이런 느낌이 들고, '노동자' 그러면 좀 계급적 성격이 있어서 '자기 권리를 주장하는 사람' 이런 느낌이 드니까 돈 많고 권력이 있는 사람들이 노동자란 단어를 싫어하게 되고, 그 영향이 사회 전체에 퍼진 거죠.

다른 사람들보다 재산과 권력을 많이 가지고 있는 사람들을 보통 '기득권 세력'이라고 부릅니다. 이런 사람들은 노동자라는 단어가 마음에 들지 않는 거예요. 그래서 근로자란 단어를 많이 사용하고, 노동자라는 단어는 마치 불순한 단어인 것처럼 생각하는 정서가 사회에 생겼는데 이건 결코 옳지 않은 거죠.

이상한 것은 정부에서도 중요한 곳에는 대부분 노동이라는 단어를 사용한다는 겁니다. 우리나라 노동부를 5공화국 전두환 군사 독재 정권 때 만들었는데 그 살벌한 시기에 군사 독재 정권조차도 부처 명칭을 '노동부'라고 지었어요. '근로부'라고 짓지 않았어요. 최근에 '고용노동부'라고 바뀌긴 했죠. 고용노동부의 정식 명칭을 '고용부'로 하겠다는 게 이명박 정부의 방침인데, 이명박 정부가 노동이라는 단어를 얼마나 싫어했으면 그렇게 하기로 했을까 하는 생각이 다 들었어요.

정부 산하 기관 명칭도 그래요. '한국 노동 연구원'도 있고요. '중앙 노동 위원회', '노동 교육원'도 있고 '노동청'도 있습니다. '노동 교육원'은 '노동 행정 연수원'으로 바꾸었는데 아마 이명박 정부가 '노동 교육'이라는 개

넘 자체를 용납하기 어려웠던 게 아닐까 싶어요.

범죄자들을 잡기 위한 수배 전단에 보면, 요즘은 없어진 것 같은데, 인상착의 란에 '노동자풍'이라고 표기한 수배 전단들이 있었어요. '노동자스러운' 외모를 가졌다는 뜻이지요. 노동이란 단어를 그런 용도로 사용하니까 사람들이 '노동자'란 단어에 대해서도 상당히 부정적 생각을 가지게 되는 거죠.

 왜 노동 기준법이 아니라 근로 기준법인가요?

우리나라가 근로 기준법을 언제 만들었냐 하면 1953년도에 만들었어요. 1953년도면 한국 전쟁 중이잖아요. 그것도 부산에 피난 가 있는 국회에서 만들었어요. 그때 근로 기준법, 노동조합법, 노동 쟁의 조정법, 노동 위원회법, 이 네 가지 법을 거의 한꺼번에 만들었어요.

그때 한국의 노동자들이 노동법 제정을 엄청나게 요구했나 보다, 이렇게 짐작할지도 모르지만 전혀 그렇지 않았어요. 왜냐하면 전쟁을 벌이는 와중에서 한국의 웬만한 노동 운동가들이 거의 다 죽었거든요.

그때 정부는 노동조합 간부들을 보도연맹이라는 조직에 거의 다 가입을 시켰는데, 사회에 대해서 요만큼이라도 불만이 있는 사람들을 정신교육을 시킨다며 보도연맹에 전부 가입을 시킨 거죠. 하다못해 땅 주인한테 가서 새경 좀 더 달라고 따졌던 머슴, 이런 사람들까지 다 가입시켰어요. 심지어는 경찰들에게 몇 명 이상씩 가입시키라고 할당이 떨어져서 경찰들이 자기 아는 친인척들 이름을 명단에 적어 내고 이런 경우도 많았어요. 보도연맹에 가입된 사람들을 시도 때도 없이 학교나 운동장에 집합시켜 놓고 반공 강연을 듣게 했어요.

그런데 전쟁이 터지고 나서 후퇴하는 국군들이 마을마다 보도연맹원들을 모은 거죠. 이 사람들은 늘 하던 거니까 그냥 모인 거예요. '아, 오늘 또 무슨 반공 강연 끝나고 밀가루 한 포대씩 주는 건가?' 이러면서 모였어요. 강연이 끝나면 미국에서 원조받은 밀가루 한 포대씩 나눠 주기도 하고 그랬으니까.

그렇게 모인 사람들을 후퇴하는 국군들이 마을마다 다 쏴 죽이고 갔어요. 그때 몇만 명이 죽었는지 아직도 파악이 안 되고 있어요. 노무현 참여정부에서 그 숫자라도 파악해 보자고 했는데 과거사 청산 작업에 반대하는 사람들도 만만치 않게 많아서 잘 안 된 걸로 알고 있어요. 노동 운동하던 사람들은 그렇게 전쟁을 치르는 와중에 거의 다 몰살당했어요. 그렇게 노동 운동의 전통이 완전히 끊기고 소멸된 상태였다가 전태일 열사로부터 지금의 노동 운동이 시작됐다고 볼 수 있어요.

그래서 1953년도에는 우리나라에 노동 운동 세력이라는 게 존재하지 않았어요. 노동법을 만들라고 요구하는 노동자가 없었다는 거죠. 그런데 이승만 정부가 전쟁 치르는 그 바쁜 와중에 왜 노동법을 만들었을까요?

남북한 체제 경쟁의 수단으로 만들어졌다는 것이 올바른 시각이라고 봐요. 북한의 노동법이 그때 만들어지기 시작했는데, 남한 정부는 노동법이 없으면 국제적으로도 망신이라고 생각한 거죠. 북한을 지금도 우리는 국가로 인정하지 않잖아요. 나라로 인정하지 않는 북한에도 노동법이 생기는데, 한반도의 유일한 합법 정부라고 주장하는 남한에 노동법이 없으면 '아, 이건 창피스러운 일이니까 빨리 만들도록 하시오.' 그래서 막 급하게 만들어졌어요. 그때까지 한국에는 노동법을 공부한 학자들도 별로 없었어요.

노동법을 제정할 때 참여했던 학자들이 지금 거의 다 돌아가셨는데 예전에 제가 한 연구소에서 일할 때 노동법 관련 프로젝트에 참여했던 노학자 한 분이 "우리나라 노동법이 원래는 굉장히 잘 만들어진 법이야. 우리가 그때 일본 법을 거의 그대로 다 베꼈거든." 그렇게 얘기하시는 걸 들은 적이 있어요.

일본은 그 당시 사회 운동 수준이 굉장히 높았어요. 일본에서는 전쟁에서 패한 뒤 어떤 현상이 벌어졌냐 하면, 일본이 전쟁하는 것에 반대했던 세력들이 있었을 거 아니에요. 군국주의에 반대하고 전쟁하지 말라고 주장했던, 요즘 말로 하면 민주 인사들이지요, 그런 사람들이 다 감옥에 갇혀 있었어요. 그런데 일본이 전쟁에 지고 나서 군국주의 세력들이 전범으로 거의 다 처벌을 받아 처형당하고 감옥에 갔어요. 그 뒤 일본 군국주의에 반대했던 민주 인사들이 감옥에 갇혀 있다가 나와서 사회 각 분야의 지도자들이 된 거죠.

그때 일본의 교육 분야도 굉장히 많이 발전했어요. 노동 운동 분야도 마찬가지예요. 1950년대 초·중반 일본은 사회 운동의 수준이 꽤 높아져 있었고, 노동자들의 의식도 상당히 높았어요. 그 일본의 사회 운동 수준, 노동 운동의 수준에 맞춰 만들어진 일본의 노동법이 있었을 거 아니에요? 그 법을 그냥 거의 번역하다시피 들여온 거기 때문에 한국 노동 운동보다는 굉장히 높은 수준의 노동법이 만들어진 거라고 볼 수 있는 거죠.

그래서 한국 노동법 체계가 지금도 일본 법 체계와 유사합니다. 일본의 노동 기준법을 보고 노동이라는 단어만 전부 근로로 바꾸다시피 해서 근로 기준법을 만든 거예요. 기득권 세력이 노동이라는 단어를 워낙 싫어하니까 근로로 바꾼 거지요. 노동조합법은 차마 근로조합법 이렇게 바꾸지는 못했어요. 노동조합이라는 명칭이 워낙 통용되고 있었으니까.

우리나라에 산업 안전 보건법이 있잖아요. 이것도 일본의 노동법을 많이 참고했는데, 일본은 노동 안전 보건법이거든요. 노동이라는 단어를 한국의 기득권 세력들이 얼마나 싫어하는지 알 수 있죠.

벌써 25년쯤 전 얘기인데, 직업병에 관심이 있는 의사들과 같이 공부할 기회가 있었어요. 우리나라는 그때 근로 기준법에 직업병 38가지를 규정해 놨었어요. 사실 노동자가 앓는 질병은 여러 가지잖아요. 그중에 38가지만 직업병으로 인정한다는 건데 그 근거가 뭘까? 도대체 우리나라에 직업병에 대한 연구 성과가 거의 없는 상황에서 어떻게 38가지를 직업병으로 규정했을까? 궁금했습니다. 그것도 일본 노동법을 베낀 것이 아닐까 싶어서 일본 노동 기준법을 보니까 우리와 달리 상당히 많고, 아예 체계가 다른 거예요. 우리는 그냥 1번부터 38번까지 쭉 일련번호로 규정했는데, 일본 노동 기준법에는 큰 제목, 작은 제목, 이렇게 질병의 분류가 복잡하게 돼 있더라고요.

1980년도에 전두환 군사 독재 정권이 들어설 때 노동법이 엄청나게 개악됐어요. 그때 대학원 다니던 내 친구가 정부에서 하는 프로젝트에 부분적으로 참여하는 아르바이트를 했는데 그 친구가 했던 일이 뭐였냐 하면 우간다 노동법 번역이었어요. 그때 아프리카 우간다는 대통령이 냉장고에 인육을 저장해 놓고 식인을 한다는 소문이 있을 정도로 독재정치가 횡행했던 나라였는데, 그런 나라의 노동법도 다 참고한 겁니다.

그래서 직업병 공부하면서 우리가 농담으로 "이거 우간다 노동법을 베꼈나, 도대체 뭘 베꼈나?" 이러고 있었는데, 한 의사가 1950년대 초반에 일본에서 발행된 노동법 책을 구해 왔어요. 그런데 거기 보니까 직업병이 38가지인 거예요. 일본은 직업병에 연구 성과가 축적되면서 직업병 항목이 계속 늘어났지만 한국은 그 이후에 그런 성과가 없으니까 몇십 년 전 것이 그대로 있는 거죠. 지금은 한국도 많이 바뀌었습니다.

1953년도에 만들어진 노동법이 지금 법보다는 꽤 좋은 법이에요. 예를 들어서 그 법에는 공무원노조, 교사노조도 모두 인정하고 있었고, 노동조합 정치 활동 금지 조항도 없었어요. 다른 나라 노동법이 대부분 그렇거든요.

전쟁 중에 우리가 지키기에는 조금 벅찬 좋은 노동법이 만들어졌는데 그 뒤 박정희 때, 10월 유신 때, 5공 때 지나면서 갈수록 개악된 거죠. 그랬다가 노태우 정권 때 여소야대 국회에서 노동법을 개정했는데 그때 개정된 노동법이 처음 만들어진 노동법과 가장 비슷했어요. 그런데 이걸 노태우 대통령이 거부권 행사를 해서 휴지가 돼 버렸지요. 개정은 물거품이 돼 버렸습니다. 그렇게 우리 노동법의 뼈아픈 역사가 있어요.

 ## 근로 기준법은 무엇입니까?

근로 기준법은 노동자가 지켜야 하는 내용이 아니라 회사가 지켜야 하는 내용에 대해서 규정한 법이에요. 노동자에게 일을 시켰으면 이 정도의 임금을 줘야 한다. 휴일 근로를 했을 때는 휴일 근로 수당을 지급해야 하고, 여성에게는 생리 휴가를 보장해야 한다. 이렇게 회사가 지켜야 할 여러 가지 규정들을 정해 놓은 것이 근로 기준법입니다. 말하자면 노동자가 인간으로서 품위를 유지하고 살아가기 위해서 회사가 지켜야 할 최저 기준을 규정한 게 근로 기준법이에요.

"우리 회사는 근로 기준법을 지키고 있다." 그건 자랑할 게 아니에요. 왜냐하면 그래 봐야 최저 기준이니까. 말하자면 근로 기준법대로만 하는 회사는 최저 기준만 지키는 최저 수준의 회사인 거죠. 근로 기준법에 있는 대로만 하라는 게 아니라 이건 최저 기준이니까 근로 기준법보다 더 높은 노동 조건을 회사 사정에 따라서 시행할 수 있는 겁니다.

노동조합들이 생기는 이유는 근로 기준법보다 나은 노동 조건을 단체 협약을 통해서 확보하기 위해서입니다. 그런데 지금도 근로 기준법을 제대로 지키는 회사들은 좀처럼 찾아보기 어려울 거예요. 기업 경영하는 사람들은 "한국의 노동법이 너무 선진화돼 있다. 너무 까다롭게 규정돼 있어서 이 노동법을 다 지키면서 기업을 경영하기는 어렵다"는 불평을 하는데, 그건 노동자 권리에 대한 이해가 부족하기 때문이지, 실제로 한국 노동법이 너무 선진적으로 규정돼 있기 때문은 아니에요.

1980년대 초반에 유동우 씨라고 『어느 돌멩이의 외침』이라는 책을 쓴 노동자가 구속돼서 재판을 받은 전민노련 사건이 있었어요. 유동우 씨가 재판에서 징역 15년을 구형받은 뒤 최후 진술 하는 걸 내가 방청하며 들었는데, 뭐라 그랬냐 하면 "사람들은 나를 보고 노동 운동을 했다고 하는데 내가 지금까지 15년 동안 해 온 일은 '근로 기준법대로 하자'는 주장 이상이 아니었습니다. 근로 기준법은 노동자가 인간다운 모습을 유지하기 위해 지켜져야 할 최저의 기준입니다. 따라서 근로 기준법이 지켜지지 않는다는 것은 우리 사회의 노동자가 인간이 아니라는 뜻입니다. 내가 그동안 했던 활동은 단지 인간 선언일 뿐이었습니다"라고 했어요.

 최저 임금제는 무엇인가요?

헌법에 보면 그 나라 국민이 인간의 모습으로 살아갈 수 있도록 지켜 줘야 할 책임이 국가에 있다는 내용이 규정돼 있어요. 노동자는 보통 경영자보다 불리한 조건에서 일을 하잖아요. 일을 하고 싶어 하는 사람들은 많고, 일자리는 제한되어 있기 때문이지요.

회사는 사람들을 경쟁시키면서 임금을 계속 낮출 수가 있어요. 어떤 사람에게 하루에 5,000원을 주겠다고 얘기했더니, 다른 사람은 나는 4,000원만 받고도 일할 수 있다며 경쟁할 수 있으니까. 이걸 자율에 맡겨 버리면 노동자 임금이 너무 내려가 버리는 현상이 발생하게 되지요. 회사는 인건비가 적게 들겠지만 노동자는 인간 이하의 생활을 하게 되고 나라 경제 전체에 좋지 않은 영향을 미치게 되거든요.

최저 임금 제도라는 것은 회사가 노동자를 고용했을 때 어느 수준 이하로 임금을 줄 수는 없다고 법으로써 강제하는 거지요. 회사가 망하는 경우가 있어도 그 임금은 줘야 한다는 거지요. 회사 경영이 어렵다는 이유로, 또는 더 낮은 임금을 받고 일할 수 있는 사람이 많다는 이유로 회사가 임금을 마음대로 낮출 수는 없다. 이렇게 규정해 놓은 게 최저 임금법입니다.

사실 우리나라에서 최저 임금 제도가 시행된 지도 얼마 안 됐어요. 그런 면에서는 매우 후진적이었던 건데, 문제는 지금 정해져 있는 최저 임금

액수가 너무 낮다는 거예요. 실제로 노동자가 최저 임금만 받아가지고는 생활하기가 어려울 정도로 너무 낮아요.

다른 나라와 비교할 때, 최저 임금이 평균 임금의 최소한 절반 정도는 돼야 하지 않겠는가 하는 것이 노동자들의 주장이지요. 지금 우리나라의 최저 임금은 노동자 평균 임금의 3분의 1 수준에 머물고 있어요.

 노동 기본권은 무엇인가요?

노동 기본권은 노동권과 노동3권 이렇게 두 가지로 나눌 수 있어요. 이 두 가지를 보통 노동 기본권이라고 그래요. 노동권은 대한민국 헌법 제32조에 나와 있어요.

국민은 자신이 원하는 일자리에서 원하는 일을 할 수 있는 권리가 있죠. 대한민국 국민은 일할 권리가 있다. 그리고 국가는 그 노동자가 일할 수 있도록 적당한 일자리를 제공해야 된다. 이게 노동권입니다.

그다음은 노동3권이죠. 노동3권은 단결권, 단체 교섭권, 단체 행동권, 이 세 가지를 말하는데, 단결권은 노동자가 자신의 이익을 위해서 조직을 만들 수 있는 권리이고, 단체 교섭권은 노동자가 혼자 가서 요구하면 힘이 약하고 요구가 받아들여지지 않으니까 힘을 합쳐서 단체로 같이 요구할 수 있는 권리이고, 단체 행동권은 노동자들이 그렇게 요구했는데 그 요구가 받아들여지지 않으면 파업을 해서 회사에 경제적인 손실을 끼치면서까지 싸울 권리가 있다는 뜻입니다.

노동3권은 어찌 보면 매우 살벌한 권리예요. 노동자들이 자신의 이익을 위해 조직을 만들고, 한꺼번에 같이 몰려가서 요구할 수 있고, 그 요구가 받아들여지지 않으면 사회에 막대한 손실을 끼치며 파업할 수 있다. 이 얼마나 막강하고 살벌한 권리인가요?

같은 권리를 조폭들에게도 보장한다고 한번 생각해 보세요. 폭력배들은 자신의 이익을 위해 조직을 만들 수 있다, 절대로 용납할 수 없잖아요. 폭력배들은 조직을 만들고 아무 짓도 안 하고 있어도 법에 걸려 구속돼요. 조직을 만들었다는 이유만으로 죄가 되는 거죠. 그런데 똑같은 권리를 노동자들에게는 보장하고 있습니다. 그 이유가 뭘까요? 결론만 간단히 이야기하면 그렇게 하는 것이 사회 전체에 유익하다는 것을 역사 속에서 깨달았기 때문이지요.

 ## 노동절은 어떤 날인가요?

18세기 후반 미국은 이민 노동자가 급격히 증가하고, 소수에게 부가 집중되어 독점 자본가가 탄생하는 등 재벌들의 천국이었어요. 부자들은 강아지에게 다이아몬드 목걸이를 걸어 주거나, 100달러짜리 지폐로 담배를 말아 피우는 유행을 즐겼고, 이빨에 다이아몬드 장식을 박는가 하면, 애완용 원숭이의 시중을 하인들이 들도록 했지요.

반면, 노동자들은 하루에 14~18시간씩 일하면서도 저임금에 시달렸어요. 동물 우리와 같은 판잣집에 모여 살았는데, 한 노동 운동가의 동생은 자기 형에 대해서 "형님은 옷이 낡아 해져 입을 수 없을 때까지 입었다. 죽는 날까지 걸치고 있었던 그의 외투는 노동조합 조직을 권유하러 방문

했던 주물 공장에서 튄 쇠똥 때문에 뚫린 구멍투성이었다"라고 추억하기도 했지요.

1880년 초부터 8시간 노동 요구가 확산되었어요. 8시간 노동제 쟁취 움직임은 세계 각국으로 번졌고, 미국 노동자들은 1886년 5월 1일에 8시간 노동제를 요구하는 총파업을 전개하기로 했지요. 운명의 5월 1일이 밝아오자 노동자들은 '8시간 노동 구두(이미 8시간 노동제를 실시하는 공장에서 만든 제품)'를 신고 '8시간 담배'를 피우며 깨끗한 외출복으로 갈아입고 온 가족이 거리에 나와 마치 축제처럼 노래를 부르면서 평화 행진을 벌였어요.

5월 3일부터 경찰과 군대가 노동자들을 대대적으로 탄압했어요. 5월 4일에는 노동자들 30만 명이 시카고 광장에서 집회를 하던 중 폭탄이 터져 200여 명의 노동자가 부상당하거나 죽는 일이 벌어졌고, 대대적인 검거 선풍이 일었어요. 수백 명의 노동자가 체포당하거나 처형됐지요. 역사는 다시 한번 뒤로 후퇴한 거예요.

파업 지도자 7명에게는 사형이 선고되었고 그중의 한 명인 스파이스가 한 최후 진술은 전 세계 수많은 노동자들의 가슴 속에 영원히 기억되었어요.

"만약 그대가 우리를 처형함으로써 노동 운동을 쓸어 없앨 수 있다고 생각한다면, 그렇다면, 우리의 목숨을 가져가라! 가난과 불행과 힘겨운 노동으로 짓밟히고 있는, 그러면서도 해방되기를 애타게 원하고 있는 수천만 노동자의 운동을 없애겠다면 말이다! 그렇다! 당신은 하나의 불꽃을 짓밟아 버릴 수는 있다. 그러나 당신의 앞에서, 뒤에서, 사면팔방에서 노동 운동의 불꽃은 끊임없이 들불처럼 타오르고 있다. 그렇다! 그것은 들불이다. 당신이라도 이 들불을 끌 수는 없을 것이다."

1889년에 세계 여러 나라의 노동 운동 지도자들이 '국제 노동자대회 (제2 인터내셔널)' 창립 대회인 '파리 총회'에서 8시간 노동제 쟁취를 위한 미국 노동자들의 투쟁을 전 세계에 알리고, 전 세계 노동자의 단결을 고취하기 위해, 매년 5월 1일을 국제적인 노동자의 명절로 기념하기로 결정했어요.

한국의 노동자들이 그 약속을 세계 노동자들과 함께 지키는 데에는 또다시 수많은 희생과 세월이 필요했어요. 우리나라의 노동자들 역시 일제 식민지 시대인 1923년부터 세계 노동자들과 함께 노동절 행사를 열어 왔거든요. 그 전통은 해방 뒤까지 계속됐지요. 그런데 이승만 정권이 "잔인무도한 공산도당과 같은 날에 기념할 수 없다"는 이유로 그 날짜를 대한노총 설립일인 3월 10일로 바꾸었고 박정희 군사정권은 그 명칭마저 '노동절'에서 '근로자의 날'로 바꿔 버렸지요. 대한민국 정부가 그 날짜를 다시 5월 1일로 되돌린 것은 1994년이었으니, 우리나라 노동자들이 전 세계의 노동자들과 함께 노동절을 지키게 되기까지 100년 이상의 세월이 걸린 셈이지요. 그러나 현행법상 5월 1일의 명칭은 아직도 '근로자의 날'이에요. 지금은 방송 진행하는 아나운서들도 대부분 '노동절'이라고 자연스럽게 말하는 마당에 '근로자의 날'이라는 이름에 더 이상 미련을 가질 이유는 없다고 봐요.

연예인과 운동선수도
노동자인가요?

"연예인도 노동자냐?", "교사도 노동자냐?"
이런 건 다른 나라에서는 질문거리도 안 돼요.
독일에서는 심지어 주유소 사장과 편의점 사장들의 노동조합도 인정해 줬어요.
주유소에서는 사장이지만 거대한 석유 재벌과 맞설 때에는 사회적 약자라고 보는 거지요.

 연예인도 노동자인가요?

예, 당연히 노동자입니다. 그래서 우리나라 탤런트들도 한국 방송 연기자
노동조합에 가입해서 활동하고 있고요, 다른 나라들에도 배우노조가 대
부분 있어요. 탤런트들도 드라마를 촬영하는 기간 동안 계약을 맺잖아
요. 그래서 성실히 드라마에 출연하고, 자기가 열심히 연기한 것에 따른
출연료를 받고. 이게 말하자면 임금이죠. 연기라는 자신의 노동을 제공
하고 임금을 받는 노동자라고 볼 수 있습니다.

요즘 아이돌 가수들은 다 기획사에 소속돼 있잖아요. 그래서 아이돌 가수들도 엄청나게 인기를 끈 것에 비해서 큰 수입은 없었고 계약에 불이익한 내용이 많았다. 그런 기사들 가끔 나오잖아요. 기획사에 소속돼서 일정한 계약 조건 안에서 활동하는 연예인도 말하자면 노동자라고 볼 수 있죠.

조금 더 범위를 넓혀 보면 예술가들도 노동자인 사람들이 많습니다. 우리나라 예술의 전당이나 국립극장에서 활동하는 무용가나 교향악단원들도 노동조합에 가입해 있는 경우가 많아요. 외국의 유명한 교향악단들 있잖아요. 거기서 연주하는 백발의 예술가들도 상당수가 노동조합원이에요.

 ### 선생님도 노동자인가요?

선생님은 교육 노동자라고 표현하죠. 그런데 우리나라에서는 신성한 교사가 무슨 노동자야? 이런 인식이 팽배해 있는데, 이건 굉장히 어리석은 생각이에요. 다른 선진국들을 보면 교장도 노동조합에 가입해 있는 그런 나라들이 많아요. 영국에는 교사노조와 별도로 교장노조가 따로 있을 정도입니다.

핀란드 교장협의회 회장 피터 존슨 씨가 한국에 온 적이 있어요. 핀란드 교육이 지금 세계 최고의 교육이라잖아요. 그래서 한국 중산층들 중에서는 아이들 교육 때문에 핀란드로 이민 가는 사람들도 많이 있는데, 그 핀란드 교장협의회 회장인 피터 존슨 씨가 한국에 왔을 때 어떤 선생님이

"한국은 교장협의회와 전교조 사이가 굉장히 안 좋다. 거의 앙숙 관계다. 그런데 전교조 행사에 교장협의회 회장님이 참석하시다니 뜻밖이다." 그런 말을 했을 때, 이렇게 답했어요. "핀란드에서는 교사노조와 교장들 관계가 매우 좋습니다. 왜냐하면 대부분의 교장들은 전교조에 가입돼 있기 때문입니다. 나도 물론 전교조에 가입해 있습니다." 교장도 자신의 존재를 노동자라고 생각한다는 거죠. 우리나라는 교사가 무슨 노동자야? 이런 인식이 있어서 실제로 전교조가 처음 만들어졌을 때 김영삼 대통령은 엄청나게 분노했고, 실제로 1,500여 명 교사들이 교사노조에 가입했다는 이유로 해직됐어요. 교사가 무슨 노동자인가? 이렇게 생각하는 것은 굉장히 후진적인 생각이에요.

전교조 교사들이 자신을 교육 노동자라고 얘기하니까, 인터넷에 어떤 사람이 "자기가 하는 교육을 먹고살기 위해서 하는 노동으로 비하시키려면 동네 학원에서 강사를 해라." 그렇게 비아냥거린 사람이 있었는데, 그러한 말은 '노동이란 단지 먹고살기 위해서 억지로 하는 힘든 일'이라는 잘못된 오해 때문에 하게 되는 거예요. 귀하고 소중한 일도 얼마든지 노동이 될 수 있어요. "노동은 신성하다"라는 말은 쉽게 하는데, 실제로도 노동은 신성해야 해요.

 주부도 노동자인가요?

엄밀하게 말하면 노동자는 아니에요. 어디서 월급을 받지는 않잖아요. 물론 주부들이 하는 일을 가사 노동이라고 부르지요. 넓은 의미의 노동을 하는 사람에는 속하지만 노동자라고 보기는 어려워요.

그런데 주부들이 하는 노동은 특별한 점이 있어요. 이걸 '부불 노동'
이라고 하는데, 대가가 지급되지 않는 노동이라는 거죠. 이 말에는 대가
가 지급되는 것이 옳다는 주장이 깃들어 있어요.

주부의 가사 노동에 대해서도 정당한 대가를 지급해야 한다는 주장
도 있어요. 남편이 회사에서 잘 일할 수 있도록 뒷바라지한 거니까 기업으
로 하여금 주부의 가사 노동에 대한 대가를 부담하도록 해야 한다. 이런
주장인데, 저는 일리 있다고 생각해요. 여성의 가사 노동에 대해 대가를 지
급하지 않아도 되기 때문에 남성 노동자의 임금도 저임금이 된다는 거죠.

여성의 가사 노동에 대해서도 정당한 대가가 지급되면 노동자가 그
만큼 회사에서 더 받아 내야 할 테니까 노동자 임금 수준도 높아진다는
겁니다. 만약에 주부가 가사 노동을 하면서 어딘가로부터 그 노동에 대
한 임금을 받게 된다면 그때는 주부 역시 좁은 의미의 노동자에 포함된다
고 볼 수 있겠죠.

운동선수들도 노동하는 것인가요?

아마추어가 아니라 프로 선수들은 당연히 그렇게 볼 수 있지요. 미국과
일본에는 프로야구 선수노조가 활동하고 있어요. 미국에서는 심판노조
도 있는데, 메이저리그의 선수노조와 심판노조가 실제로 파업을 벌인 적
이 있었고, 일본 프로야구 선수노조는 경기 수가 너무 많아지는 것에 반
발해서 파업하겠다고 밝히는 기자 회견을 한 적이 있었는데, 실제로 파업

을 했는지는 잘 모르겠어요. 한국에도 프로야구 선수협의회가 선수노조를 결성할 것이라고 발표했잖아요. 그것이 올바른 방향이에요. 프로야구 선수들이 억대 연봉을 받아도 노동자입니다.

 아르바이트도 노동인가요?

당연히 노동이죠. 아르바이트처럼 보통 직장인보다 노동 시간이 현저히 적은 노동에 대해서도 당연히 근로 기준법 등 노동법이 적용됩니다. 요즘 아르바이트라고 이야기하지만 실제로는 정규직이나 마찬가지로 일을 많이 하는 경우도 많잖아요. 아르바이트는 물어볼 것도 없이 노동입니다.

 자원 봉사도 노동이라 하나요?

자원 봉사는 좁은 의미의 노동은 아니에요. 넓은 의미의 노동에 속할 수는 있지만 자원 봉사는 대가를 받지 않기 때문에 노동이라고 볼 수는 없어요. 좀 애매한 경우가 있기는 해요. 자원 봉사라는 미명하에 교통비 정도만 받는 거죠. 법원에서는 그 액수가 너무 적을 경우에는 노동자로 보지 않는다는 판결이 있었어요. 그 액수에 대한 기준이 따로 있는 것은 아니고 그때그때 상황에 따라 판단하도록 돼 있지요. 굳이 구분하자면 생존의 근거를 마련한다기보다는 보람을 느낀다는 비중이 훨씬 큰 노동이죠.

물건을 파는 것도 노동인가요?

백화점에서 물건 파는 노동자들도 다 노동하는 겁니다. 그걸 감정 노동이라 그러죠. 다리가 퉁퉁 붓도록 높은 하이힐을 신고 열 몇 시간씩 서 있으면서도 계속 손님들에게 웃음 짓고 친절해야 되는 일을 감정 노동이라고 합니다. 감정 노동이 주는 스트레스가 엄청 커요. 노동 문제를 연구하는 사람들이 요즘 주목하고 있는 분야입니다.

백화점 1층에 보면 화장품 판매 코너가 수십 개 있잖아요. 그곳에서 일하는 사람들도 노동조합 활동을 합니다. 그래야 결혼해도 계속 일할 수 있고, 아기 낳고 출산 휴가 마친 뒤에도 복직할 수 있고, 화장실에 조금이라도 마음 편하게 다닐 수 있으니까 노동조합을 만드는 거예요. 백화점에 나란히 화장품 코너들이 있는데 노동조합이 있는 회사와 없는 회사는 눈에 확 보일 정도로 노동 조건에 차이가 나니까, 급속하게 노동조합 설립이 확산됐죠.

노동자인가, 아닌가를 판단할 때 가장 중요한 기준은 생산 수단이에요. 생산 수단을 갖고 있으면 노동자가 아니고, 생산 수단이 없이 고용돼 있으면 노동자인 거죠.

왜 파업을 하나요?

파업이라는 건 굉장히 과격하고 폭력적인 행위가 아니라
노동자가 할 수 있는 여러 가지 투쟁 방식 중에서도 상당히 온건한, 합법적인 방식인 거예요.
사장 멱살 잡고 땅바닥에 패대기치면서 싸우고 그러는 게 아니라
"내 노동력 상품을 그 가격으로는 팔지 않겠습니다"라고 하면서 두 손 놓는 거죠.

 노동조합은 왜 생겨났나요?
노동조합은 어떤 일을 하나요?

우리가 사는 자본주의 사회에는 자본가와 노동자들이 인격적으로는 평
등하고 동등하지만 현실적으로 매우 불평등한 관계에 있을 수밖에 없어
요. 자본가는 생산 수단을 가지고 있고 노동자는 생산 수단을 가지고 있
지 않고, 일자리 수보다 일을 하겠다는 사람들이 항상 더 많은 편이니까
노동자가 굉장히 불리한 지위에 있을 수밖에 없는 거지요.

이런 상황을 그냥 노사 자율에 맡겨 버리면 기업은 노동자에게 최대한 일을 시키면서 최소한 임금만 주려고 할 텐데, 그러면 잠깐 동안 기업에게 이익일지 모르지만 노동자가 지속적으로 건강한 노동을 할 수 없기 때문에 사회 전체의 생산력도 저하되고 우리 사회가 유지되기도 어렵게 되는 거죠.

그래서 회사와의 불평등한 관계 속에서 무한정 노동력을 착취당하면 안 되니까, 노동조합을 만들어서 가능한 한 회사와 대등한 관계를 맺게 하는 거지요. 노동조합이 합법적으로 만들어지기 전에는 노동자들이 착취당하다가 끝내는 분노를 참지 못하고 폭동을 일으키거나 자본가들을 죽이거나 하는 사건들이 생겼거든요. 그래서 합법적으로 노동조합을 만들어 법 테두리 안에서 권리를 지키도록 하게 된 거지요.

우리나라 정부도 노동조합을 그렇게 미워하는 것처럼 보이지만 헌법 제33조에서 노동조합을 노동자의 가장 기본적이고 정당한 권리로 보장하고 있거든요. 노동자가 개인적으로 반항하면 그 개인만 피해를 입기 때문에 피해도 줄이고 효율도 높이기 위해서 집단적으로 그리고 조직적으로 노동자의 권리를 확대시키는 활동을 할 수 있도록 노동조합을 합법화하게 된 거죠.

노동조합이 하는 첫 번째 일은 노동자의 권리를 향상시키는 거예요. 단순히 노동자 개인의 권리를 향상시키는 것이 아니라 노동자가 존중받을 수 있도록 법과 제도들을 개정하고, 사회 전체의 변화를 추구하는 일도 같이하는 거죠. 선진국이 될수록 노동조합이 하는 일들이 점점 많아져서 노동자가 좋은 주택에서 살 수 있도록 하는 주택 정책, 노동자가 자녀들을 잘 교육시킬 수 있도록 하는 교육 정책, 실직하거나 퇴직한 뒤에도 행복하게 살 수 있도록 하는 복지 정책 등에 대한 활동들을 활발하게 전개하게 됩니다.

중요한 것은 그런 노동조합 활동이 노동자들에게만 유익한 것이 아니라 사회 전체에 골고루 좋은 영향을 미친다는 거죠. 그렇지 않으면 노동조합을 전 세계 거의 모든 나라에서 노동자들의 기본적 권리로 보장할리가 없어요.

 ## 노동자들이 경영하는 회사가 있나요?

물론 있습니다. 대표적으로 스페인의 몬드라곤이라는 회사는 전 세계에 널리 알려졌는데 아주 모범적인 경영을 하고 있습니다. 우리나라도 노동자들이 대부분의 기업을 경영한 적이 있었어요. 일제 시대에는 조선 기업들을 거의 다 일본 사람들이 소유하고 있었는데, 전쟁이 끝나고 해방되고 나서 일본 사람들이 다 일본으로 쫓겨 돌아갔잖아요. 일본 사람들이 경영하던 기업들의 경영자가 없어져 버린 거지요. 그래서 한국 노동자들이 기업을 직접 경영하는 일들이 해방 뒤에 많이 생겼어요.

그걸 자주 경영이라고 부르는데, 통계를 보면 한국 사회에서 노동 생산성이 가장 빠른 속도로 향상된 시기가 그 시기였다는 거예요. 노동자가 직접 경영을 하니까 굉장히 합리적으로 경영하고, 자기 회사니까 애착도 생기고, 노동 생산성이 많이 높아졌다는 거죠. 그래서 요즘은 자본주의 사회의 문제를 해결하는 중요한 방법으로서 노동자의 경영 참여가 중요한 화두 중 하나예요.

노동자가 경영에 참여하면 경영자 입장에서는 이런 걱정들을 해요. 기업들이 치열한 경쟁을 하고 있으니까 경영자가 신속한 결정을 내리고 민첩하게 대처해야 하는데 언제 노동자들 의견 다 물어보고 같이 상의해 가면서 경쟁에서 이길 수 있겠냐? 그러나 실제로 노동자들이 경영에 참여했던 회사들을 보면 경영 효율이 전혀 떨어지지도 않았고 신속한 대응도 충분히 가능했고, 경영이 투명해지면서 오히려 기업 경쟁력이 상당히 높아지더라는 거지요. 노동자들이 경영에 참여하면 아무래도 사장이 몰래 뒷돈을 챙기는 비자금 조성 같은 건 하기가 어려워질 거 아니에요?

노동자의 경영 참여가 부정적인 면보다 긍정적인 면이 훨씬 많다는 것은 학문적 성과로 많이 축적돼 있습니다. 그런데 아직 우리나라 경영자들은 노동자들을 기업 경영에 참여시키는 것에 대해서 거의 알레르기 반응을 보이며 싫어하는 경향이 있어요. 스페인의 몬드라곤은 노동자가 회사를 직접 경영하면서도 충분히 경쟁력을 가질 수 있다는 걸 보여주고 있죠.

우리나라에도 부실 경영으로 도산하는 버스 회사들을 그 회사 노동자들이 인수한 경우가 대구, 진주에 몇 군데 있어요. 노동자들이 직접 전무, 상무 역할을 하면서 회사를 경영하다 보니까 충분히 수익을 남길 수 있었죠. 그래서 그 지역 사회에 어려운 가정 학생들에게 장학금도 주고 이런 일들을 하고 있어요. 그전에는 불가능한 일이었는데 노동자가 직접 투명하게 경영하다 보니까 지역 사회에 좋은 일도 할 수 있고, 투쟁하는 다른 노동조합에 기부금도 몇천만 원이나 낼 수 있더라는 거예요.

사람들은 힘든데도 왜 쉬지 않고 일을 할까요?

두 가지로 볼 수 있죠. 첫째는 생존하기 위해서죠. 노동을 해야 먹고살 수 있고, 자녀를 가르칠 수 있으니까요. 둘째는 노동 속에서 보람을 느낄 수 있으니까. 어떤 사람에게는 먹고살기 위한 것이라는 비중이 크기도 하고 어떤 사람에게는 보람을 느낀다는 비중이 훨씬 크기도 하고. 그런 차이는 있죠.

일하지 않고 살면 굉장히 편할 것 같죠? 그렇지 않아요. 열심히 일하던 사람들이 일하지 않고 며칠 있어 보면 흔히 "좀이 쑤신다"는 말 하잖아요. 일이 없으면 우울증에 걸릴 수도 있다고 하더라고요. 사람이 이렇게 살아도 되나 하는 생각이 들면서……. 사람은 노동을 통해서 생존하고 보람을 느끼며 사는 게 좋은 거죠.

 외국인 노동자들은 왜 자기 나라를 떠나서 우리나라에 와서 일하나요?

물론 자기 나라에서 먹고살기가 어려워서 오는 경우가 가장 많죠. 외국인 노동자라는 말은 이주 노동자라고 표현하는 게 더 좋아요. 굳이 한국인, 외국인 따질 것 없이 다른 곳에서 이동해 와서 일한다는 의미죠.

이주 노동자에 대한 정책은 국제적으로 보면 대개 두 가지로 나뉘는데, 이주 노동자와 국내 노동자를 차별하는 정책을 펴는 나라가 있어요. 아예 법 적용을 달리하는 거죠. 그러면 어떤 문제가 생기냐 하면 이주 노동자가 들어와서 엄청 낮은 노동 조건으로 일을 해 버리면 내국인 노동자의 노동 조건도 같이 저하가 돼요. "너희들이 양보하지 않으면 이주 노동자 쓸 거야." 이런 협박이 가능해지니까요. 그래서 결국 그 나라 경제에 매우 안 좋은 영향을 미치게 되는 거죠.

독일 같은 나라는 내국인 노동자와 외국인 노동자를 동등하게 대우하는 정책을 취한 나라거든요. 물론 힘든 일을 외국인 노동자들이 많이 했지만, 한국의 광부들과 간호사들이 독일 광부 간호사들과 거의 동등한 임금을 받으면서 일을 한 거죠.

이주 노동자 문제에 대해서는 생각해 볼 게 또 하나 있는데, 그냥 단순히 외국 노동자 개인이 우리나라에 오는 게 아니라 외국의 문화가 들어오는 것이거든요. 농촌에 외국 여성과 결혼하는 총각들이 굉장히 많아졌잖아요. 이런 일은 사회가 발전할수록 점점 많아지지 적어지지는 않아요. 우리나라에 들어와 있는 이주 노동자들을 마치 불순물처럼 부정적인 시각으로 보는 건 옳은 게 아니에요.

독일이 모범적으로 이주 노동자 정책을 시행해 왔음에도 최근 후회하는 게 뭐냐 하면, 외국인 노동자가 와서 일을 하고 나중에 자기 나라로 돌아가는 것을 전제로 정책을 폈다는 거죠. 그런데 상당수가 독일 국민으로 정착해서 살았어요. 이를 예상하지 못한 것에 대해서 많이 후회하고 있어요. 독일은 다른 나라가 볼 때는 꽤 잘한 나라인데도 최근 그런 반성을 하거든요.

한국에 와 있는 이주 노동자들도 앞으로 점점 더 많아질 거고, 한국에 거주하는 사람도 많아질 거예요. 우리나라가 다문화 사회로 변화하는 과정에서 생길 수밖에 없는 현상이라고 보는 것이 옳지요. 이주 노동자를 개인이 아니라 우리 안에 들어와 있는 또 다른 문화로 받아들이고 다양성을 존중하며 어울려 살아가는 것이 명백히 옳은 방향이지요.

우리나라는 단일 민족이라는 개념이 있는데 이것은 사실 생물학적으로 불가능한 개념이거든요. 북방계, 남방계 등 여러 곳에서 온 사람들이 조화를 이루며 살고 있는 거지요. 단일 민족은 핏줄이 하나라는 건데 실제로 그랬다면 유전학적으로는 근친 교배로 인해 인구의 절반 정도가 선천적 장애인이 될 수밖에 없는 상황이었을 거라는 말도 있거든요. 미국이라는 나라가 세계에서 가장 강한 나라라고 동경하는 사람들도 많은데, 미국에 얼마나 다양한 사람들이 모여서 같이 살고 있습니까? 미래의 모습인 다문화 사회에 대비하는 게 옳은 거죠.

 가끔 TV에 파업이라는 글씨가 나오면서 거리에 앉아서 무언가를 외치는데 그건 뭔가요?

파업이라는 건 간단히 말하면, 노동자가 일하지 않는 거예요. 자신들의 요구 사항을 관철시키기 위해서 사용하는 수단이죠. 노동자가 일을 하지 않으면 회사에는 막대한 손실이 생기고 사회 전체에도 경제적으로 큰 불이익이 생겨요. 그런데 왜 헌법으로 노동자가 파업할 수 있는 권리를 보장하고 있을까요? 왜 노동자는 자기가 원하는 것을 쟁취하기 위해서 회사에 또는 사회 전체에 막대한 손실을 끼치면서 파업할 수 있는 권리가 있다고 보장했을까요?

우리나라에서는 파업이라고 하면 사람들이 눈살부터 찌푸리고 나쁘게만 보는데 꼭 그렇게 볼 건 아니에요. 노동자가 생산 활동을 중단하고 사회에 손실을 발생시키면서까지 파업할 수 있는 권리를 보장해 주는 것이 결국 사회 전체에 유익하고 사회가 올바로 발전하는 데 기여할 수 있다. 이런 사실을 깨닫는 것이 상당히 중요하지요.

그런데 우리나라는 이런 걸 학교에서 제대로 안 가르쳐요. 노동자들의 파업이라는 게 그 나라의 경제를 건강하게 성장시키는 긍정적인 요인도 상당히 많이 있어요. 꼭 나쁘게만 볼 건 아니지요.

노동은 꼭 어른들만 하나요?
아이들도 노동할 수 있나요?
몇 살부터 노동을 할 수 있나요?

너무 어린 나이에 노동을 하는 건 옳은 게 아니에요. 우리나라 근로 기준법에는 노동을 할 수 있는 가장 어린 나이를 15살로 정하고 있어요. 학교에 다니는 경우에는 18살까지는 노동을 할 수 없도록 정하고 있고요. 그렇지만 자기가 정말로 하고 싶은 노동이 있고 학교 교육에 전혀 지장이 없는 경우에는 노동부에서 취직 인허증이라는 걸 받아서 노동에 종사할 수는 있는데, 흔한 일은 아니지요.

후진국일수록 아동 노동이 굉장히 심하잖아요. 우리가 맛있게 먹는 초콜릿도 아프리카 농장에서 어린 아이들이 하루 10시간 이상 임금도 제대로 받지 못한 채 코코아 열매를 따는 중노동을 해서 만들어지고 있는 것이 대부분이에요.

월드컵 공인구인 '자블라니'는 전 세계 수제 축구공의 70%를 생산하는 파키스탄에서 만들어지는데, 축구공 하나를 만들기 위해서는 오각형과 육각형의 가죽 32조각에 1,620회의 바느질을 해야 하거든요. 그걸 주로 파키스탄의 12세 미만 어린이들이 좁고 더러운 공장에서 하루에 14시간씩 바느질을 하면서 만드는데, 이 아이들이 축구공 하나당 겨우 100원 정도의 임금을 받는다는 거예요. 하루 일당으로는 2,000원 정도 된다고 하더군요. 파키스탄에만 이런 일을 하는 어린이들이 4만 5,000명이나 있다고 하는데 그 작업 과정에서 유독 물질을 사용하기 때문에 시력을 잃는 아이들도 있다고 하더군요. 축구를 한 번도 못해본 인도와 파키스탄의 소년, 소녀들이 하루 종일 쪼그리고 앉아 손가락 찔려 가며 바느질하는 장면이 소개돼 전 세계에 큰 충격을 주기도 했지요.

 노동을 하다 보면 다치거나 생명을 잃을 수도 있나요?
다치거나 하면 어떻게 해야 하나요?
노동을 하다가 얼마나 다치고 죽나요?

이걸 흔히 산업 재해라고 하잖아요. 그런데 산업 재해라는 표현은 뜻이 분명하지 않아요. 산업과 관련된 재해가 다 산업 재해다, 그렇게 오해할 수가 있어요. 그러면 교통사고도 다 산업 재해지요. 산업 재해라는 말보다는 노동 재해가 더 정확한 표현인데, 노동이라는 단어를 워낙 회피하다 보니까 산업 재해라고 부르게 되었어요. 요즘은 의식 있는 노동자들은 노동 재해라는 표현을 사용합니다. 노동자가 노동하는 과정에서 발생하는 재해이기 때문이지요.

노동 재해라고 하면 일하다가 어떤 사고가 나서 다치는 것만 생각하지만, 사회가 발전할수록 한 가지 일을 오래 하다 자기도 모르게 어떤 병에 걸리는 직업병, 정확하게는 직업 관련성 질환, 이런 게 점점 더 중요해지고 있어요.

직업병과 무관한 직업은 없어요. 문제는 우리나라는 일하다가 다치거나 병에 걸리는 사람이 너무 많이 발생한다는 거죠. OECD 가입 국가 중에서 인구 10만 명당 노동 재해 사망자 수가 1위인데, 요즘도 1년에 2,000명 정도가 죽어요. 오늘도 어디선가 여덟 명의 노동자가 일 때문에 죽었을 거예요.

노동 재해는 대부분 예방이 가능하다는 것이 또 중요하게 봐야 할 사항이에요. 결국 기업들이 이윤만 생각하느라고 철저한 예방을 하지 않기 때문에 이런 사고가 선진국들 중에서 가장 많이 발생하고 있다는 얘기지요.

일하다가 다치거나 병들면 보상하는 제도가 당연히 있어요. 그런데 그 보상하는 제도를 정부와 기업이 운영하기 때문에 가능한 한 적게 인정하고 보상도 적은 금액으로 해 주려는 폐단이 있죠. 사회가 발전할수록 노동자에 대한 보상도 점점 그 수준이 높아지는 것이 정상이에요. 그것이 선진국으로 가는 방향이지요.

그럼 왜 우리나라는 일하다가 죽거나 다치는 노동자들이 가장 많을까요? 경제 규모는 세계 10위권이라고 자랑하는데 왜 이런 일이 생길까요? 여러 가지 원인이 있지만 한국의 정부와 기업들이 경제 성장, 이윤 추구에만 치중하느라 노동자들의 생명을 다른 나라보다 덜 중요하게 취급한다고 볼 수밖에 없는 거지요.

노동 재해 통계와 정확하게 일치하는 통계가 있어요. 바로 노동 시간 통계입니다. 우리나라는 OECD 가입 국가들 중에서 노동 시간이 가장 긴 나라입니다. 연간 노동 시간 통계가 1위에요. 많이 일하는 노동자가 주의력이 떨어질 수밖에 없거든요. 피곤할 수밖에 없기 때문에 직업병도 많이 걸리고 사고도 많이 발생하는 거죠. 노동 시간이 단축되지 않으면 노동 재해는 안 줄어들어요. 노동자의 주의력을 높이는 안전 교육만 할 게 아니라 이런 구조적 요인이 함께 해결돼야 하는 거죠.

노동 재해 통계와 거의 비슷하게 일치하는 통계도 있어요. 우리나라가 세계에서 가장 많이 발생하는 사고가 또 있지요? 바로 교통사고입니다. 왜 그렇겠어요? 한국의 운수 노동자들은 세계에서 가장 많이 일하고, 대부분의 자가용 소유자인 '오너드라이버'들이 세계에서 가장 긴 시간 동안 일하는 직장인들이에요. 운전하는 사람들 대부분이 졸음 운전의 경험을 가지고 있고 이걸 피하기가 어렵습니다.

지금 이 시간에도 도로에서 운전하는 사람들이 세계에서 가장 많이 일하는 사람들이라는 얘긴데, 그러면 주의력이 떨어지기 때문에 교통사고도 많이 발생할 수밖에 없는 거죠. 한국 사람들이 특별히 준법정신이 부족해서 교통사고가 많이 발생한다고 보는 건 옳은 시각이 아니에요. 노동 시간이 단축되지 않으면 노동 재해도 줄어들지 않고 교통사고도 줄어들지 않습니다.

노동을 피로가 쌓이지 않게 하려면 어떻게 해야 하나요?

우선 사람들이 너무 많이 일하지 않고도 먹고살 수 있어야 돼요. 자동차 회사 노동자들이 파업할 때 언론들이 1년에 몇천만 원의 고임금을 받는 노동자들이 파업한다고 마구 비난하잖아요. 그런데 그 사람들이 하루 12시간씩 맞교대로 1년에 열흘 정도밖에 안 쉬면서 그만큼 받는 거거든요. 큰 자동차 회사에서는 한 공장에서 1년에 20명 정도가 과로사하고 그래요. 그렇게 일하지 않고 근로 기준법상 기준인 하루 8시간만 일하고도 어느 정도 먹고살 수 있어야 돼요.

우리나라 임금 구조의 특징은 기본급 비중이 기형적으로 너무 적다는 거예요. 본래 노동자가 기본급만 받고 살아갈 수 있어야 돼요. 기본급만 받으면서도 몇 년 동안 저축해서 돈 모으면 집도 살 수 있고 적당히 문화 생활도 할 수 있어야 되는데 우리나라는 기본급만 받아 가지곤 노동자들이 살아가기가 사실 불가능하거든요. 연장, 휴일, 야간 특근 이런 걸 열심히 곱빼기로 일해야 겨우 살 수 있을 만큼밖에 임금을 안 주는 경우가 많지요.

제가 한번 공인노무사 시험 준비하는 사람들이 공부하는 학원에서 노동법 강의를 한 적 있었는데, 첫날 돌아가면서 인사하는 시간에 어떤 아주머니가 "중소기업체에서 일했습니다"라고 자기소개를 했어요. 제가 "중소기업체에서 어떤 일 하셨습니까?"라고 물으니까 "경리 담당이었어요." 그래요. 제가 또 "경리 담당이라면 어떤 일을 하셨어요?"라고 물어보니까 "직원들 월급 계산하고 뭐 그런 거 했어요"라고 해요. 그래서 제가 "아주머니는 전 세계에서 가장 복잡한 월급을 계산한 겁니다. 자부심을 가지세요"라고 말했어요.

다른 나라 사람들이 한국 노동자들의 임금 명세표를 보면 깜짝 놀라요. 웬 수당들이 그렇게 많은지 무슨 수당, 무슨 수당…… 항목이 아주 복잡하거든요. 그렇게 된 건 과거 군사 독재 정권 때부터 정부가 임금 인상 억제 정책을 폈기 때문이에요. 한 자리 이상 올리지 못하게 했지요. 정부에서 "올해는 공무원 임금이 몇 % 인상될 것이다." 그렇게 발표하면 그게 가이드라인이나 마찬가지인 거예요. 과도한 임금 인상을 하는 기업에게는 금융 여신을 규제하겠다는 정책까지 폈어요. 노동자 임금을 많이 인상시켜 주는 기업들은 은행에서 돈을 안 빌려 주겠다는 거지요.

이렇게 노동자 임금 인상을 계속 억제했는데, 실제 그 임금만 가지곤 노동자가 살 수 없으니까 노동 현장에서 노동자들이 노동조합 활동을 하고 투쟁하는 등 노동자 요구가 분출될 수밖에 없거든요. 그러면 회사로서는 최소한 어느 정도 임금을 인상할 수밖에 없는데 기본급 인상률은 정부에서 규제하니까, 눈에 잘 보이지 않는 다른 수당들을 계속 만들어서 노동자가 실제로 살 수 있을 만큼 임금을 주게 된 거지요. 그래서 기본급 외에 나머지 수당들이 굉장히 복잡하게 많아진 거예요.

정상적인 사회라면 대부분 노동자들은 기본 시간만 일하고 즐겁게 퇴근하고 특별히 목돈이 필요한 상황이 된 사람만 남아서 하는 게 연장 근로여야 하는데, 우리는 으레 연장 근로를 누구나 다 하는 것처럼 생각하거든요. 한마디로 후진적인 거지요. 선진국들은 그렇게 안 하거든요. 유럽에 여행 갔다 온 사람들이 거기는 저녁에 가게나 식당이 일찍 문 닫아서 불편하다고 말하잖아요? 그러나 가게나 식당에서 일하는 노동자 입장에서 보면 그게 선진국인 거죠.

우리나라도 지금 주 5일 근무제가 시행되고 있다고 하는데 그럼 일주일에 5일만 일한다는 뜻인가요?

2004년 7월부터 우리 사회에 '주 5일 근무제'가 도입되기 시작했어요. 노동자가 1,000명 이상 일하는 대기업부터 적용됐지요. 이게 항상 문제예요. 산재 보험, 의료 보험, 고용 보험, 국민 연금 등 거의 모든 사회 복지 제도가 도입될 때마다 중소 영세 하청 기업 노동자들은 거의 마지막에 혜택을 입는 순서를 거쳤어요. 가장 먼저 보호받아야 할 노동자들이 가장 나중에 혜택을 입는 거지요. 이건 사회 복지 정신을 정면으로 부인하는 거나 마찬가지인데, 그 이유는 그러한 제도들이 기업과 정부의 입장에 편하도록 도입됐기 때문이라고 봐요.

처음 주 5일 근무제가 시행됐을 무렵, TV와 라디오 방송에 몇 번 출연해서 주 5일 근무제에 대해 설명할 기회가 있었어요. 한 라디오 생방송 프로그램에 나가 주 5일 근무제에 대해서 다음과 같이 설명했어요.

"진행자께서도 지금 '주 5일 근무제'라는 말을 여러 번 사용하셨는데요, 대한민국 노동법 어디에도 '주 5일 근무제'라는 표현은 없습니다. 노동법상 정확한 표현은 '주 40시간 노동제'입니다. 일주일의 노동 시간을 40시간으로 단축한다는 것이지요. 근로 기준법상 하루 기준 노동 시간이 8시간씩이니까 5 곱하기 8은 40, 즉 앞으로 우리나라 노동자들은 일주일에 5일만 출근하는 것이 정상적인 근무 형태가 된다는 뜻입니다. 더불어 중요한 원칙이 하나 명시됐는데, 임금은 낮출 수 없다는 겁니다. 노동 시간이 단축되고 출근 날짜는 줄어들지만 임금 수준은 낮출 수 없고, 그에 대한 보존 방안을 마련해야 한다는 원칙이 법에 명시됐습니다."

설명이 끝나고 광고가 나가는 시간에 진행자인 아나운서가 저에게 개인적으로 묻더군요.

"그렇다면 노동자들이 일은 예전보다 훨씬 더 적게 하고, 임금은 그대로 받겠다는 것인데…… 그건 좀 잘못된 것 아닌가요? 조금 심하게 말하면 그게 바로 도둑놈 심보 아닌가요? 일을 적게 했으면 돈도 적게 받는 것이 상식이잖아요. 경제가 이렇게 어려운데 노동자들도 좀 양보를 해야 하는 것 아닌가요?"

반농담 투의 말이긴 했지만, 명문대를 우수한 성적으로 졸업하고 몇백 대 일의 경쟁률을 뚫고 공중파 방송사의 아나운서가 됐을 사람이 그런 질문을 하는 것이 우리 사회예요. 세상에 이런 나라가 없어요. 제가 광고 끝나기 전에 아나운서한테 재빨리 설명했어요.

"인류의 역사는 노동을 하는 사람들이 일을 조금씩 더 적게 하면서, 조금씩 더 잘살게 되는 방향으로 발전해 왔습니다. 그 진행 방향이 옳지 않았다면 노예 제도나 머슴 제도가 사라지지 않았을 겁니다. 강물이 높은 곳에서 낮은 곳으로 흐르는 것처럼 역사의 강물도 계속 흘러가는 방향이 있어요. 노동자들이 조금씩 더 적게 일하면서도 조금씩 더 행복해지는 방향으로 발전해 왔다는 겁니다. 그래서 고대의 노예보다 중세 농노들이 더 행복했고, 중세의 농노보다 자본주의 사회 노동자들이 조금 더 행복해진 겁니다. 한국 사회에 주 5일 근무제가 도입되는 현상을 그러한 역사 발전 과정 속에서 파악할 수 있어야 합니다."

나름껏 재빨리 설명했지만, 내용이 제대로 전달됐는지는 알 수 없지요. 우리 사회에서는 노동 시간을 단축하는 것이 사회 전체에 어떤 유익한 영향을 미치는지 사람들이 제대로 이해하거나 설명하지 못합니다. 그런 것에 대해 학교에서 배울 기회가 거의 없었고, 언론도 제대로 설명해 주지 않았기 때문이지요.

 주 5일 근무제에 대해서 자세히 설명해 주세요.

우리나라에 주 5일 근무제가 도입될 때 노동자들이 엄청나게 반대한 것 아세요? 어떤 노동조합은 주 5일 근무제 때문에 파업까지 했어요. 그 무렵 언론이 '주 5일 근무제, 여름 투쟁의 도화선'이라고 표현한 기사도 기억납니다.

간단한 산수를 잠깐 해 보겠습니다. 주 5일 근무제가 실시되면 노동자들이 월요일부터 금요일까지 일하고 토요일이 휴무가 되니까 1년에 52개의 휴일이 새로 생깁니다. 그런데 토요일에는 이미 오전 근무만 하는 회사들이 많았으니까 그런 회사에서는 실제로 26개의 휴일만 새로 생기는 것이나 마찬가지잖아요.

그런데 주 5일 근무제가 도입되면 노동자들이 한 달에 하루 쉴 수 있는 월차 휴가라는 게 없어져 버리니까 노동자 입장에서는 1년에 12일의 휴가가 없어지는 셈이에요. 그리고 또 여성 노동자가 한 달에 하루 쉴 수 있는 생리 휴가(공무원들은 보건 휴가라고 하지요)가 유급에서 무급으로 바뀌었어요. 그날 쉴 수는 있지만 임금은 안 나오게 됐다는 거지요. 그전에는 생리 휴가로 쉬는 날에도 임금이 당연히 지급됐거든요. 그러니까 그렇게 없어지는 생리 휴가가 또 1년에 12일인 거지요. 그러니까 노동자 입장에서 볼 때는 주 5일 근무제가 도입되면서 없어지는 월차 휴가와 생리 휴가를 모두 합하면 1년에 모두 24일의 휴가가 없어지는 것이나 마찬가지인 거에요.

제가 아까 주 5일 근무제가 실시되면서 노동자들에게 늘어나는 휴일이 모두 며칠이라고 했어요? 26일이었잖아요. 그럼 한번 생각해 보세요. 1년에 26일의 새로운 휴가가 생기는 주 5일 근무제를 도입하면서 24일의 휴가가 없어지는 것이 무슨 주 5일 근무제냐? 그런 말이 나올 법도 한 거지요.

게다가 종전에는 근속 연수 1년에 대하여 하루씩 늘어나던 연차 휴가가 근속 연수 2년에 대하여 하루씩 늘어나는 방식으로 줄어들었으니, 우리나라 노동자들이 주 5일 근무제를 '무늬뿐인 주 5일 근무제'라고 하면서 반대했던 게 전혀 틀린 주장은 아니에요.

도입 시기가 회사 규모에 따라 다른 것도 큰 문제예요. 우선 1,000인 이상 사업장에 먼저 도입되고, 이후 300인, 100인, 50인 이렇게 되다가 20인 미만 사업장의 경우에는 적용 시기가 2011년입니다. 그러니까 아직도 주 5일 근무제가 남의 이야기인 노동자들이 많다는 거죠. 한동네에 살면서 아이들끼리 '우리 아빠는 주 5일제 아빠, 너희 아빠는 주 6일제 아빠' 이렇게 구별되면서 생기는 문제도 만만치 않으니까 민주노총 같은 노동자 단체에서는 그와 같은 방식의 주 5일 근무제 도입에 대해 반대했던 거지요.

언론들이 '주 5일 근무제 도입으로 생활 혁명이 예고되고 있다', '직장인들이 자기 계발과 가족 사랑이라는 두 마리 토끼를 모두 잡을 수 있게 됐다'고 대대적으로 보도했고, 백화점에서 레저용품들을 판매하는 '주 5일 이벤트'를 벌였던 소란들이 그 당시 우리나라 노동자 85%쯤 되는 사람들에게는 아무 관계없는 일이었어요.

이런 문제도 있어요. 아까 설명한 것처럼 정확하게는 '주 5일 근무제'가 아니라 '주 40시간 노동제'이니까, 회사에서는 하루 노동 시간을 조금 줄여 7시간씩 일하게 하면서 일주일에 6일 동안 출근하라고 요구할 수도 있습니다. 병원처럼 노동자들이 복잡하게 교대 근무를 하는 회사에서는 충분히 가능한 일이거든요. 그렇게 하면 회사로서는 토요일에 휴일 근무 수당을 지급하지 않아도 되거든요.

애초 2000년에 노·사·정이 주 5일 근무제에 관한 '대타협'을 할 수 있었던 중요한 이유는 바로 일자리 나누기 정신이었습니다. 줄어든 노동 시간만큼 새로운 고용을 창출해서 일자리를 늘리자는 거였지요. 그러니까 회사는 어떻게든 지금 있는 직원들로 주 5일 근무제를 하려고 노력할 게 아니라 그만큼 노동자를 새로 채용하는 것이 옳은 거예요.

 회사에서 주는 월급은 누가 어떻게 정하나요?

보통 임금을 "노동의 대가다." 이렇게 쉽게 생각하는데 경제학에서 정확하게 표현할 때는 "노동력 상품의 가격이다." 이렇게 설명해요. 자본주의 경제는 상품 생산 체계이다, 이런 말이 있어요. 무슨 뜻인가 하면 공장에서 노동자들이 물건을 만들 때 자기가 쓰려고 만드는 게 아니잖아요. 볼펜을 만들었다 그러면 자기가 다 쓰려고 만드나요? 아니잖아요. 팔기 위해서 만들잖아요. 자본주의 사회는 모든 사람들이 자신이 가지고 있는 무엇을 타인과 교환함으로써 살아갑니다.

옛날에는 안 그랬어요. 자기가 먹고 싶은 만큼만 생산하고 자기가 입고 싶은 만큼만 옷을 만들었어요. 자본주의 경제에서는 그렇지 않지요. 팔기 위해서 만드는 거지요. 사람들이 뭔가를 판매하면서 생존하는 사회가 자본주의 사회이고 상품 생산 체제라는 거지요. 그것을 '교환 가치'라고 부릅니다. 자본주의 사회에서는 사람들이 '사용 가치'를 위해서 물건을 생산하는 것이 아니라 '교환 가치'를 위해 생산합니다.

그러면 노동자는 팔 수 있는 상품이 뭐냐, 일할 수 있는 능력이 있다는 거예요. 노동자는 일할 수 있는 능력, 곧 노동력을 상품으로 파는 사람인 거지요. 그러니까 회사에 취업한다는 것은 노동자가 일할 수 있는 노동력 상품을 회사에 판매하는 것입니다. 한 달 동안 열심히 일을 한 뒤 그 노동력 상품의 가격으로 임금을 받는 거지요. 그래서 막연히 노동의 대가라기보다 '노동력 상품의 가격'이라는 게 정확한 개념이죠. 다시 정리하면 임금은 노동자가 판매하는 노동력이라는 상품의 가격입니다.

그런데 노동력 상품 가격인 임금은 다른 상품 가격과 다른 특징이 있어요. 한번은 청량리에 있는 어떤 병원이 파업을 할 때, 아침 9시까지 와 달라고 해서 간 적이 있는데, 청량리역에 내려서 길을 가다 보니까 왼쪽에 상가가 쭉 있었습니다. 아침 이른 시각이라 아직 문을 안 열어서 셔터가 모두 내려져 있었어요. 닫힌 셔터 앞에 할머니 한 분이 쪼그리고 앉아 있는데 길바닥에 까만 비닐봉지 몇 개를 내놓고 있더라고요. 보니까 그 안에 상추 몇 단, 깻잎 몇 장, 고추 몇 개, 마늘 깐 거 몇 톨이 들어 있는데 다 합쳐도 만 원어치가 안 돼 보이는 걸 장사라고 하고 계신 거예요. 아침 일찍 나오느라고 식사를 못 하셨는지 길바닥에서 아침식사를 드시는데 찬밥 한 그릇 위에 열무김치 몇 가닥이 놓여져 있더라고요. 누가 볼까 봐 길 쪽으로 등을 돌린 채 셔터에 머리가 닿도록 쪼그리고 앉아 계셨는데, 그 장면을 보고 파업 현장까지 가는데 머릿속에 온갖 생각이 다 나는 거예요.

어느 손님이 지나다가 그 할머니와 흥정을 벌였다 칩시다. "상추 한 단에 얼마예요?" 할머니가 "1,000원입니다"라고 했는데 그 손님이 "에이, 너무 비싼데 500원만 하지"라고 했고 할머니는 "아니에요. 1,000원은 받아야 돼요"라고 했습니다. 손님은 다시 "500원만 하자니까요"라 했고 할머니는 또다시 "안 돼요. 1,000원은 받아야 돼요. 그래야 내가 먹고살 수 있어요"라고 했습니다. 최소한 1,000원은 받아야 하는 상추를 손님이 계속 500원에 사자고 우기면 할머니가 나중에 어떻게 할까요? "손님에게는 팔지 않겠어요. 그 가격으로는 못 팝니다"라고 말할 겁니다.

이렇게 물건값은 파는 사람이 결정하는 거죠. 가격이 자기 마음에 안 들면 팔지 않는 거예요. 그런데 노동력이라는 상품은 취업할 때 사장이 "한 달 동안 열심히 일하면 월급을 얼마 주겠다." 이렇게 사는 사람이 결정한다는 거예요. 노동력 상품의 가격은 파는 사람, 즉 노동자가 자기 마음에 들게 결정하는 게 아니라 사는 사람, 즉 자본가가 결정을 해요.

물론 노동력 상품 가격도 파는 사람이 결정할 수 있어요. 사장이 "한 달 동안 열심히 일하면 한 달에 200만 원 주겠소." 그러면 "에이, 그기 받고는 못하죠. 최소한 300만 원은 받아야지요." 이렇게 되면 파는 사람이 결정하는 거나 마찬가지인데, 우리 사회에는 일자리 수보다 노동자 수가 굉장히 많기 때문에 회사가 아쉬울 게 없어요. 그 사람 아니어도 더 낮은 임금으로 일할 사람이 있으니까요. 그래서 현실에서는 노동력 상품의 가격을 파는 사람이 결정하지 않고 사는 사람이 결정하는 이상한 현상이 있는 거죠.

다시 아까 그 채소 장사 할머니 이야기로 돌아가 봅시다. 손님이 계속 터무니없이 싼값으로 달라고 요구한다고 해서 할머니가 손님에게 특별한 해를 입히지는 않잖아요. "1,000원 짜리 상추를 500원에 달라니, 에라 이 날강도 같은 놈아!"라고 말하면서 멱살을 잡고 땅바닥에 패대기치며 싸우는 것이 아니라 "손님에게는 팔지 않겠어요"라고 말하면서 그냥 두 손을 놓잖아요. 그것이 바로 노동자들이 하는 '파업'입니다. 자신의 노동력 상품 가격이 맞지 않으니까 "그렇게 헐값으로는 팔지 않겠소"라고 하면서 일하지 않는 게 바로 파업입니다. 우리나라 헌법 제33조에서 보장하고 있는 노동자의 단체 행동권이란 바로 그런 거지요.

파업이라는 건 무슨 굉장히 과격하고 폭력적인 행위가 아니라 노동자가 할 수 있는 여러 가지 투쟁 방식 중에서도 상당히 온건한, 합법적인 방식인 거예요. 사장 멱살 잡고 땅바닥에 패대기치면서 싸우고 그러는 게 아니라 "내 노동력 상품을 그 가격으로는 팔지 않겠습니다"라고 하면서 두 손 놓는 거죠.

옛날에 노동법이 만들어지기 전에는 노동자가 혹사당하다가 견딜 수 없게 되자 실제로 사장을 두드려 패거나 심지어 살해하기도 했거든요. 그러니까 그렇게 살벌하게 하지 않도록 합법적인 투쟁 수단을 마련해 줘야겠다, 그래서 노동자들이 파업할 수 있는 단체 행동권을 법으로 보장하게 된 거지요. 노동자들의 파업을 우리는 폭력적이고 과격한 수단처럼 보지만 실제로는 그게 아니라 합법적이고 어찌 보면 온건한 투쟁 수단인 거죠.

사장님은 직원에게 월급을 주지만 사장님의 월급은 누가 주나요?

사장에도 크게 두 종류가 있어요. 자기가 직접 회사를 만들어서 경영하는 사장도 있고, 큰 회사에 월급을 받으면서 고용되어 있는 사장도 있지요. 고용된 사장은 쉬운 말로 월급쟁이 사장이라고도 하고, 전문 경영자라고 표현하기도 하죠. 전문 경영자는 요즘 또 CEO라고 많이 부릅니다.

사회가 발전하면서 전문 경영자가 점점 많아지고 있는 추세이죠. 어떤 사람이 돈이 많아서 회사는 차렸어도 경영할 능력도 뛰어나다고 보기는 어렵잖아요. 그래서 사람들이 돈을 모아서 회사를 설립하고, 전문 경영자를 오라고 해서 월급을 주고 회사를 경영하도록 하는 일이 점점 많아지고 있는 거죠.

직접 자기 회사를 설립한 사람들은 회사를 경영하고 남는 수익을 모두 가져갈 수 있겠죠. 누가 월급을 얼마라고 정해 줄 필요가 없습니다. 이와 달리 전문 경영자들은 회사에 올 때 계약을 하잖아요. 이 회사에서 1년 동안 회사를 잘 경영하면 연봉을 몇억 원 주겠소, 이런 식으로 계약하는 거죠.

요즘은 대부분 주식회사 형태로 회사를 설립합니다. 주식회사란 주주들이 돈을 모아서 설립한 회사란 뜻인데, 만일 주주가 100명이다, 그러면 그 회사 주인이 100명이라는 뜻이죠. 자기 돈으로 회사를 설립해도 형식상으로는 월급제 사장인 것처럼 연봉을 받으면서 일하는 경우들이 대부분입니다. 그런데 일가친척들이 회사 주식을 절반 이상만 갖고 있으면 회사 경영에 대해 자기들 마음대로 결정하는 것이 충분히 가능해집니다. 주주총회 형식을 빌리지만 결국 자기 뜻대로 할 수 있지요. 곧 자기 연봉을 마음대로 정할 수 있는 거죠. 그러니까 사장들은 자기 월급을 자기가 정하는 경우가 많다고 보면 됩니다.

 같은 시간에 같은 일을 하면 돈도 똑같이 줘야 하잖아요? 먼저 들어온 경력자라고 해서 더 잘 알거나 일을 더 잘한다는 보장도 없잖아요?

물론 그런 면이 있죠. 우선 같은 시간에 같은 일을 하면 돈을 똑같이 줘야 하지 않느냐, 이 질문부터 생각해 봅시다.

　같은 시간에 같은 일을 했는데 어떤 사람은 굉장히 일을 잘했고 어떤 사람은 시간만 때웠을 뿐 일을 좀 못했을 수도 있잖아요. 그런 경우에도 월급을 똑같이 줘야 하냐? 이런 문제도 있어요. 그래서 일을 잘하는 사람에게는 월급을 많이 주고, 일을 잘 못하는 사람에게는 좀 적게 주고, 이런 것을 성과급제라고 부릅니다. 잘하는 사람과 못하는 사람의 차이가 있기 때문에 차등 성과급제라고 표현하기도 해요. 능력에 따라 차별을 둔다는 거지요. 이에 반해서 회사에 들어온 지 얼마나 오래되었느냐, 그런 경력에 따라서 임금을 많이 주고 적게 주고 하는 것은 연공 서열제라고 부릅니다.

　대개 서양은 차등 성과급제가 많고, 동양은 연공 서열제가 많다, 이렇게 알려져 있습니다. 그러면 차등 성과급제의 장점은 뭘까요? 일을 잘하는 사람에게 더 나은 대우를 해 주면 당연히 일을 더 열심히 하겠죠. 노동자 입장에서도 더 많은 임금을 받기 위해서 더 잘하려고 노력하겠죠. 그래서 차등 성과급제가 적용되면 노동력 품질이 좋아진다, 노동 생산성이 높아진다, 이렇게 표현합니다. 차등 성과급제 임금에는 그런 장점이 있을 수 있습니다.

그렇다면 어떤 문제가 생길 수 있을까요? 일을 잘하는지 못하는지를 누가 평가하느냐는 거죠. 예를 들어 부장님이 그걸 결정한다고 합시다. 어떤 노동자가 일은 매우 성실하게 잘하지만 부장한테 입바른 소리도 잘하고, 노동조합 만들어서 노동 운동도 열심히 한다고 할 때 이런 사람들은 일을 잘해도 좋은 평가를 받지 못하는 문제점이 당연히 발생합니다.

반면에 무능하고 일을 못하지만 관리자들에게 아부하는, 흔히 '딸랑거린다.' 하고 표현하잖아요. 이런 사람은 일을 못해도 좋은 평가를 받는 문제가 또 생깁니다. 차등 성과급제는 그 평가의 기준이 객관적이고 공정할 때에만 좋은 효과를 발휘합니다.

그다음 연공 서열제는 어떤 장점과 단점이 있나 살펴보겠습니다. 질문한 것처럼 회사에 먼저 들어왔다고 해서 일을 더 잘한다는 보장도 없지 않느냐. 물론 그럴 수 있어요. 그렇지만 대개는 그 일을 오래 한 사람이 얼마 하지 않은 사람보다 잘할 확률이 높거든요. 개인적으로는 오래 일했지만 일을 잘 못하는 사람도 있고, 얼마 하지 않았지만 능력이 뛰어난 사람이 있을 수 있지만 보통은 오래 한 사람이 일을 더 잘합니다. 그런 평균적 판단에 의해서 일을 오래 한 사람들에게 더 나은 대우를 해주는 것이 연공 서열제 임금이지요.

연공 서열제에는 또 어떤 의미가 있는가 하면, 회사에서 일을 오래 한 사람은 대개 나이가 많아요. 그러면 부양가족도 많고, 아이들 학비도 많이 들고 하니까 생활비가 많이 듭니다. 그래서 나이가 많은 노동자는 생활비가 더 많이 들 수밖에 없으니까 더 높은 임금을 지급한다는 측면도 있습니다.

그다음에는, 회사에 들어와서 5년 일한 사람과 20년 일한 사람 중에서 누가 회사에 더 많은 공로를 끼쳤는가, 회사 발전에 누가 더 많이 기여했는가, 오래 일한 사람은 회사 발전에 기여한 공로가 많기 때문에 좋은 대우를 해줄 필요가 있다, 이런 측면도 있는 겁니다.

그러면 연공 서열제에는 어떤 단점이 있겠어요? 회사에서 일은 오래 했지만 무능한 사람도 있을 수 있습니다. 무사안일주의에 빠져 있고 권위주의적이고 오래 일한 것만 내세우면서 별로 능력도 없는 사람들에게도 좋은 대우를 해 줄 필요가 있느냐, 이런 문제가 당연히 발생할 수밖에 없는 거죠. 그럼에도 연공 서열제가 회사마다 많이 채택되고 있는 이유는 평균적으로 볼 때는 오래 일한 사람들이 일을 더 잘할 수 있다, 흔히 말하는 노하우가 있다, 이렇게 보는 거죠. 실제로 신입 사원들이 쩔쩔매는 문제를 경력이 많은 선배 노동자가 와서 단숨에 해결해 주는 경우들도 많거든요.

그래서 요즘은 연공 서열제와 차등 성과급제를 적절히 조화시킨 임금 제도가 많이 사용되고 있습니다. 근무 연한에 따라서 임금이 매년 올라가기도 하고, 일을 잘하면 더 많은 임금을 받는 두 가지 제도를 조화시키는 임금 제도가 시행되고 있는데, 어떤 회사는 연공 서열제 성격이 강하고, 어떤 회사는 차등 성과급제 성격이 강하고, 이런 차이는 있습니다.

또 흔히 연봉제라고 하는 임금 제도가 있잖아요. 연봉의 '연'은 해를 뜻하고 '봉'은 봉급, 곧 임금을 뜻하는 것이거든요. 그럼 연봉이란 말은 뭐겠어요? 1년 단위로 임금을 평가한다는 거죠. 올해 일한 것에 따라서 내년에 받을 임금을 얼마로 정하고, 이렇게 1년 단위로 임금이 결정되기 때문에 연봉제라고 이야기합니다.

회사에서 연봉제를 도입할 때 어떤 식으로 직원들을 설득하느냐 하면 "연봉제라는 것은 일을 잘하는 직원에게 더 나은 대우를 해 주기 위한 제도이다. 1년마다 평가해서 일을 더 잘하는 사람에게는 더 나은 대우를 해 주겠다." 이렇게 선전을 해요.

노동자들은 또 어떤 생각을 갖고 있냐 하면 자기 일하는 것보다 임금이 적다고 생각하거든요. 나는 지금보다 더 많이 받을 자격이 있는 사람이다, 이런 생각을 하기 때문에 연봉제가 시행되면 지금보다는 더 많은 임금을 받을 수 있을 거라는 기대를 하게 됩니다. 그래서 연봉제가 도입되려고 할 때 은근히 기대하고 찬성하는 노동자들이 많습니다.

그런데 회사 입장에서 한번 생각해 보세요. 연봉제를 도입했더니 직원들에게 임금을 더 많이 지급해야 하더라, 그렇다면 연봉제 도입을 절대로 하지 않겠죠. 그러니까 회사가 연봉제를 도입한다는 것은 결국 회사 마음에 들지 않는 노동자들에게 갈 몫을 뺏어서 회사에 잘 보인 사람들에게 옮겨 주는 것에 불과한 경우가 많아요. 실제로 연봉제가 도입된 회사들을 보면 연봉제 도입 뒤에 이익을 본 노동자들이 20%, 별로 달라진 것이 없는 노동자들이 60%, 손해를 본 노동자들이 20% 정도 되는 경우가 많습니다.

그런데 조금 다른 연봉제도 있어요. 1년 단위로 임금만 결정하는 것이 아니라 계속 일할 건지 아닌지를 결정하는 경우도 있다는 거죠. 곧 1년짜리 계약직을 연봉제라고 부르는 경우도 있습니다. 그래서 회사가 이러한 연봉제를 도입한다고 할 때 노동자들은 엄청나게 반대합니다. 회사에 잘못 보이면 1년 뒤에 해고될 수도 있으니까. 처음에 회사에 취업할 때는 정년까지 일할 줄 알았는데, 1년마다 평가해서 회사 마음에 들지 않으면 해고된다는 건 너무 억울하잖아요.

임금을 돈 말고 다른 것으로도 받을 수 있나요?

물론 그런 경우가 실제로는 있어요. 이웃에 전기밥솥을 만드는 회사에 다니는 사람이 사는데 회사 경영이 어려워서 전기밥솥을 월급 대신에 받았다는 거예요. 그걸 받아 와서 주변 동네 사람들에게 또는 일가친척들에게 파는 거죠. 사실 법률적으로는 그렇게 하지 못하게 금지되어 있어요.

근로 기준법에 임금 지급에 대해서는 네 가지 원칙을 규정하고 있어요. 임금은 정해진 기일에, 직접, 현금으로, 전액을 지급해야 한다. 이렇게 네 가지의 원칙이 있어요.

첫 번째, 일정한 시기를 지켜서 지급해야 돼요. 이번 달에는 1일에, 다음 달에는 10일에 주고, 도대체 월급이 어느 날 나올지 모른다면 노동자가 생활 계획을 세울 수가 없잖아요. 그래서 회사 형편에 따라서 주는 게 아니라 임금 받는 노동자 입장을 고려해서 항상 정해진 날짜에 지급해야 된다는 원칙이 있고요.

두 번째, 노동자에게 직접 지급하도록 돼 있어요. 누구를 거쳐서 주면 안 되는 거죠. 법원에서 어떤 판례가 있었냐 하면, 어떤 노동자가 직장 동료한테 돈을 좀 빌려 썼어요. 그런데 그걸 갚지 못한 채 퇴직하게 됐어요. 그러니까 돈을 빌려 준 친구한테 "내 퇴직금을 네가 대신 받으라"는 내용의 각서를 써 주고 퇴직했어요. 그래서 돈을 빌려 준 친구가 회사에 "퇴직한 사람의 퇴직금을 나에게 주시오"라고 요구했는데, 회사가 주지 않은 거예요. 그러니까 돈을 빌려 준 친구가 회사를 상대로 소송을 제기했죠. "나는 퇴직금을 양도받았다. 퇴직하는 동료가 나보고 대신 받으라고 했다. 정당하게 받을 권리가 있는데 회사가 안 주고 있다." 그런 소송을 제기했는데, 법원에서는 받을 수 없다고 판결했어요. 법원에서 그렇게 판결한 이유는 근로 기준법에 임금은 당사자에게 '직접' 주도록 되어 있기 때문이라는 거죠. 그래서 또 다른 법률적 절차를 밟아서 청구해야지 동료가 퇴직금 대신 받으라고 써 준 각서 한 장으로는 받을 수 없다고 판단한 거죠.

세 번째, 현금으로 간주될 수 있는 것으로 지급해야 합니다. 이걸 '통화'라고 하는데, 자기앞 수표처럼 현금과 똑같이 쓸 수 있는 통화로만 지급하도록 돼 있어요. 물건이나 상품권으로 대신 지급하지는 못하도록 규정하고 있습니다. 물건으로 임금을 받으면 노동자가 그걸 팔아야 하는데, 살 사람이 없으면 제값보다 싸게 팔 수밖에 없고 그러면 그 노동자는 생존의 위협을 받을 수밖에 없습니다.

마지막 네 번째로 반드시 전액을 지급해야 돼요. 한 달 월급이 100만 원인데, 찔끔찔끔 10만 원씩, 20만 원씩 나눠 지급하면 도대체 노동자가 생활을 계획할 수가 없잖아요.

 사람들이 노동이라고 하면 힘든 일, 즉 공사장 같은 데서 일하는 것만 생각하는데, 왜 그럴까요?

노동이라는 것에 대해서 올바로 이해할 수 있는 기회가 한국 사회에서는 여러 가지로 막혀 있기 때문이에요. 아파트에서 환경 미화일 하시는 아주머니들 계시잖아요. 요즘은 거의 할머니들이 다 하시지요. 환갑 다 지나신 할머니가 아파트 복도에서 열심히 청소하고 계시는데 엘리베이터가 닫히면서 젊은 엄마가 딸에게 하는 말이 들렸대요. "야, 너 열심히 공부 안

하면 나중에 저렇게 노동자 된다." 우리 사회에서는 노동자란 단어를 이렇게 사용합니다.

학원 강사를 하는 후배가 중학생들에게 물어봤대요. "너희들 왜 이렇게 열심히 공부하냐?" 한 중학생이 답하더랍니다. "나중에 노동자 될까 봐요." 우리나라는 노동자란 단어를 그렇게 사용합니다.

독일에서는요, 장관들도 노동조합에 가입합니다. 장관도 자기를 노동자로 생각한다는 거지요. '내가 장관이지만 국가 권력에 고용된 피고용자 노동자다.' 이렇게 생각한다는 거예요. 독일 총리 중 메르켈이라는 여성이 뭐라고 얘기했냐 하면 "할 수만 있다면 총리가 된 뒤에도 노동조합원 자격을 유지하면서 조합비를 계속 내고 싶습니다." 이렇게 말했거든요.

자신이 노동자 범위에서 벗어나는 것을 아쉬워하는 생각이 있다는 거죠. 다른 나라들에서는 노동의 가치, 노동 운동의 중요성, 이런 것들을 학교에서 어릴 때부터 가르치니까, 자신이 노동자인 것이 자랑스럽고, 노동이 정말 중요하구나, 인류 역사를 발전시켜 온 중요한 동력이 바로 노동이구나, 이런 생각들을 하니까 충분히 가능한 일입니다.

프랑스에서는 판사나 변호사들도 자신이 노동자라고 생각하고 노동조합 활동을 합니다. 판사노조, 변호사노조가 있어요.

우리나라에서 '노동'이나 '노동자'에 대해 부정적 이미지가 있는 건 옳지 않은 겁니다. 노동자라는 것에 대해서 올바로 이해할 수 있는 기회들이 너무 부족하기 때문에 생긴 오해들이죠.

즐겁게 노동하면서
살 수는 없나요?

선진국에서는 수영을 좋아하는 학생이 꼭 올림픽 나가서
금메달을 따지 않아도 행복하게 살 수 있습니다.
정부가 마을마다 설치한 수많은 체육 시설에서 시민들에게 수영을 가르치며 사는
수영 코치 월급이 대학교수와 비슷해요.
꼭 1등을 하지 않아도 공부 잘하지 않아도 행복하게 살 수 있어요.
그렇게 되려면 노동자 직종 간 임금 격차가 줄어들어야 해요.

 인생의 3분의 1을 투자해야 하는 노동, 왜 노동을 해야만 돈을 버나요?

근로 기준법에는 하루 기준 노동 시간을 8시간으로 정하고 있는데, 인간
이라면 8시간 일하고, 8시간 쉬고, 8시간은 자야 정상적인 건강을 유지할
수 있다, 이런 말들을 합니다. 그런데 실제로 어른들을 보면 집에 있는 시
간보다 회사에 있는 시간이 훨씬 많은 경우가 많아요. 자동차 회사에서
는 "12시간 맞교대한다." 이런 표현들을 합니다. 하루에 12시간 일하고

퇴근하는 거예요. 하루의 절반이 노동하는 시간인 거죠.

독일 중등 사회과 교과서를 보니까 "현대 사회에서 인간이 자기를 실현하면서 살아가는 데 가장 중요한 관계가 노사관계다." 이런 표현이 있더군요. 그 사람이 회사와 어떤 관계를 가지느냐, 노동자가 어떤 상황과 관계 속에서 노동을 하느냐, 이런 것들이 그 사람의 인생에서 가장 중요한 부분이다, 이런 뜻입니다.

사람은 노동을 해야만 생존할 수 있고 노동을 통해서 자기 삶의 보람을 느낄 수 있습니다. 그런데 가만히 보면 노동하지 않으면서도 먹고사는 사람들이 있어요. 부동산 투기하는 사람들이 대표적이죠. 우리 사회에서는 부동산 투기로 돈을 버는 사람이 너무 많은 것이 경제적으로 큰 문제가 될 정도로 심각한 상황입니다. 그 사람들이 부동산 투기하는 게 노동입니까? 그건 노동이 아니잖아요.

우리나라에서 제일 비싼 아파트 단지에 사는 사람이 아파트를 팔았더니 한 달 만에 6억 원이 남더라, 이런 얘기가 언론에 보도된 적이 있어요. 좋은 사회가 될수록 노동하지 않으면서 돈을 버는 사람들의 소득은 점점 줄어들고, 노동하는 사람들의 소득이 점점 많아집니다. 그것이 바로 '선진사회'이고, 건강한 경제이고, 흔히 말하는 국가 경제에도 유익한 거지요.

지금의 한국 경제는 노동하지 않으면서 돈을 버는 사람들의 소득은 너무 많고 열심히 노동하는 사람들의 소득은 너무 적은 안 좋은 상황입니다. 그렇다면 어떻게 해야 되겠어요? 노동하지 않으면서 쉽게 돈을 버는 사람들에게 아주 많은 세금을 물려서 그렇게 거둔 세금으로 열심히 노동하는 사람들이 살아가기 좋은 사회를 만드는 데 쓰면 되겠지요? 실제로 유럽의 핀란드나 스웨덴을 비롯한 많은 나라들은 그렇게 하고 있습니다.

그런데 우리나라 정부는 부자 감세 정책을 폈잖아요. 돈 많은 사람들의 세금을 더 줄여줬는데, 이건 올바른 방향이 아니죠. 세계적인 추세와는 반대로 가는 게 아닌가, 걱정스럽습니다.

 인생을 즐겁게 살면서 돈을 벌 수 없나요?

즐겁게 살며 돈을 벌 수 있어요. 그런데 우리나라는 이게 좀 어려워요. 우리 사회에서는 시험 성적 등수가 높아야 좋은 대학에 갈 수 있고, 좋은 대학 나와야 좋은 직장에 취업할 수 있고 그래야 월급 많이 받으면서 살 수 있기 때문에 어른들이 청소년들에게 공부 잘하라고 경쟁을 엄청나게 시키잖아요.

그런데 유럽에 있는 선진국들은 1등 하지 않아도 행복한 인생을 살 수 있어요. 핀란드 같은 나라는 아예 학교에서 경쟁을 법으로 금지했기 때문에 성적표에 등수를 표기할 수 없게 돼 있어요. 핀란드 선생님들의 생각은 이런 거죠. 얘는 수학을 잘하고, 얘는 노래를 잘하고, 얘는 체육을 가장 좋아하고, 얘는 가장 마음이 정의롭고, 얘는 불우한 이웃에 대한 애정이 가장 많고, 이걸 어떻게 비교해서 등수를 매기냐. 그래서 굳이 평가해서 일렬로 등수를 매기는 짓은 하지 않는다는 거죠.

등수를 매기지 않고 경쟁시키지 않는데 학생들이 왜 공부할까요? 공부가 좋아서 하는 거지요. 굳이 대학 나오지 않아도 돈은 벌 수 있으니까 공부를 좋아하는 사람, 학문에 뜻이 있는 사람만 대학에 가는 거죠. 공부는 좋아서 해야 실력이 되지 친구를 이기기 위해서, 등수 때문에 억지로 경쟁하며 하는 공부는 진짜 실력이라고 볼 수 없어요. 공부가 좋아서 하는 나라 대학생들의 학력은 한국보다 훨씬 높아요.

그런데 절대로 공부가 좋아지지 않는 학생들도 있어요. '난 죽어도 공부하기 싫더라.' 그런 학생들은 공부하지 않고도 행복하게 살 수 있도록 하면 돼요. 실제로 그런 선진국들이 꽤 많이 있다니까요. 우리나라에서는 운동이나 노래를 좋아하는 학생이 공부를 잘하지 않으면 박태환이나 김연아나 아이돌 가수처럼 그 분야에서 1등을 해야만 행복하게 살 수 있어요.

앞에서도 얘기했지만, 선진국에서는 수영을 좋아하는 학생이 꼭 올림픽 나가서 금메달 따지 않아도 행복하게 살 수 있습니다. 정부가 마을마다 설치한 수많은 체육 시설에서 시민들에게 수영을 가르치며 사는 수영 코치 월급이 대학교수와 비슷해요. 꼭 1등 하지 않고 공부 잘하지 않아도 행복하게 살 수 있어요. 그렇게 되려면 노동자 직종 간 임금 격차가 줄어들어야 해요. 그러면 교육 문제도 자연스럽게 해결되지요. 모두 다 대학 가려고 머리 싸매고 공부할 필요가 없잖아요.

 우리나라와 지구에는 노동을 하는 사람이 몇 명이나 있을까요?

우리나라는 노동자가 1,600만 명이라고 하지요. 전체 인구가 5,000만 명이라니까 그 중에 대략 인구의 30%가 노동자라는 뜻인데, 그런 비율로 따져보면 지구 인구 68억 명 중에서 20억 명 정도를 노동자라고 추정할 수 있겠습니다. 하지만 유럽에 있는 나라들, 아시아 나라들, 아프리카 나라들이 각각 사정이 다를 테니까 정확한 수치라고는 볼 수 없고, 솔직히 저도 잘 모르겠네요. 한번 인터넷 검색 창에서 물어봅시다. 지구에 노동자가 모두 몇 명이나 있을까요? 저도 궁금하네요.

 노동은 다른 사람에게 도움을 주는 일인가요?
아니면 꼭 나만을 위해서 하는 일인가요?

노동을 하면 다른 사람들에게 분명히 도움이 돼요. 어떤 노동이든지 대부분 그렇습니다. 처음에 이야기한 것처럼 물건을 열심히 만들면 누군가 써요. 옷을 열심히 만들면 누군가 입어요. 꼭 이렇게 물건을 생산하는 노동뿐 아니라 선생님들처럼 열심히 가르치면 학생들이 배워요. 지식이 늘어나요. 열심히 운전을 하면 어떤 사람을 목적지까지 데려다 줄 수 있어요. 거의 모든 노동이 다른 사람들에게 도움이 되지요.

다른 사람에게 해를 끼치는 노동도 물론 있습니다. 예를 들어서 노동자들이 모여서 활동을 할 때 회사가 그것을 탄압하기 위해 용역 회사를 통해 깡패들을 부르거든요. 그러면 정말 우리가 깡패라고 이야기할 수밖에 없는 사람들, 온몸에 문신이 있고 전과가 몇 개나 있는 사람들이 와서 노동자들을 탄압하고 농성하는 천막을 막 때려부수고, 노동자를 폭행해 다치게 하고……. 이런 일을 돈 받고 하거든요.

그런 노동은 다른 사람들에게 해로움을 끼치는 노동이지만 대부분 노동은 다른 사람들에게 뭔가 도움이 되는 일이에요. 아, 용역 회사에서 돈 받고 깡패 일을 하는 용역 깡패들의 노동도 경영자에게는 도움이 되는 일이네요.

결국 사회 전체에 어떤 영향을 미치는가가 중요하겠죠. 노동 운동도 노동자들이 열심히 노동조합 활동을 하면 그것이 노동자에게만 유익한 가, 사회 전체에도 유익한가, 항상 이런 걸 중요하게 봐야 됩니다.

대개 경영자들이 노동조합을 싫어하고 탄압하는 이유는 노동조합 활동이 회사 경영에 도움이 안 된다고 생각하기 때문이거든요. 매우 근시안적인 판단이지요. 멀리 보지 못하고 눈앞의 이익만 보는 거지요. 노동자가 적정한 수준의 임금을 받아야 신나게 일하면서 생산성도 높일 수 있고, 나라 경제 전체도 원활하게 돌아가는 것인데 그렇게 생각하지는 못하고 노동자 임금을 인상하면 사장이 가져가는 몫이 적어진다는 것만 생각하는 거죠.

노동자에게 적정한 임금을 지급하면서 경영을 해야만 회사가 품질도 향상시킬 수 있고 기업 경쟁력을 높일 수 있는 그런 측면이 있거든요. 저임금 경쟁력은 이제 후진국에서나 통하는 상황이 됐어요. 노동자들에게 높은 임금을 지급하면서 고급 기술, 곧 고부가가치로 경쟁하는 회사가 선진 기업인 거죠.

사회 전체적으로도 노동자들이 정당한 임금을 받아야만 그 나라 경제가 잘 굴러갈 수 있는 그런 측면이 있어요. 국내 총생산 중에서 노동 소득 비중이 낮으면 경제가 불안정해서 작은 불황 요인에도 쉽게 흔들리거든요. 개인에게 미치는 영향 못지않게 중요한 것이 사회 전체에 미치는 영향입니다. 그 두 가지를 동시에 봐야지요.

노동이 안 되는 사람은 어떻게 되나요?

'노동이 안 되는 사람'이 무슨 뜻일까요. 취업하지 못한다는 걸 의미하나요? 아니면 신체적인 능력 때문에 노동을 할 수 없다는 걸 의미하나요? 우선 후자의 경우를 봅시다. 예를 들어 노동을 할 수 없는 장애인들이 해당되겠죠. 그런데 사실 노동을 전혀 할 수 없는 사람들은 극히 드물어요. 대부분은 남보다 노동하는 능력이 떨어질 뿐인 거지요.

장애인들도 그 신체 조건에 맞게 할 수 있는 노동이 있어요. 선진국일수록 다른 사람들보다 노동 능력이 부족한 사람들이 그 능력에 맞는 일자리를 찾아서 일하며 살아갈 수 있도록 제도가 잘 마련돼 있어요. 그것이 바로 국가의 역할이라고 볼 수 있습니다.

'장애인 이동권 연대'라는 단체가 있어요. 이 단체가 주장하는 내용은 장애인들에게 생활비 몇 푼 도와주는 자선사업만 할 게 아니라, 장애인들이 거리를 자유롭게 다닐 수 있는 조치들을 마련하라는 거지요. 그렇게 하면 직접 자유롭게 거리를 다니면서 노동해서 먹고살겠다, 이런 거예요. 장애인들을 일방적으로 도와주는 것보다 장애인들이 잘 살아갈 수 있는 조건을 마련하는 것이 더 중요하다는 것인데, 제가 볼 때는 올바른 주장입니다.

전혀 노동할 능력이 없는 사람들은 당연히 사회가 보호해 줘야죠. 그런데 중요한 점은 그렇게 사회적 약자를 돕는 데 드는 돈을 단순히 비용으로 볼 것이 아니라, 그렇게 하는 것이 사회 전체의 수준을 높이고 건강하게 함으로써 사회 구성원 모두가 살기 좋은 나라로 가는 길이라고 생각해야 한다는 거죠. 여기에 대해서는 나중에 사회 복지에 대해 공부할 기회가 있으면 깨닫게 될 거예요.

실업자는 어떻게 먹고사나요?

실업자는 아무런 보호 장치가 없으면 먹고살지 못하죠. 죽을 수밖에 없지요. 그래서 우리나라에도 고용 보험이라는 게 생겼어요. 실직한 사람들이 다시 취업할 때까지 고용 보험으로부터 도움을 받으면서 생존할 수 있는 그런 제도가 조금씩 마련되고 있습니다.

예전에는 그런 제도가 전혀 없었어요. 바람직한 사회가 될수록 실업자들도 생계를 유지하며 취업을 준비할 수 있는 제도가 잘 마련돼 있어요. 〈대단한 유혹〉이라는 캐나다 영화가 있는데, 줄거리를 간단히 설명하면 이렇습니다.

120명의 실직자들이 살아가는 작은 섬에 공장을 하나 지으려고 합니다. 그런데 의사가 한 사람 이상 거주해야만 공장 허가가 난다는 거예요. 의사가 없어서 노동자 건강 관리가 불가능한 지역에는 공장을 지을 수 없다는 거지요. 선진국에는 그런 법이 있습니다. 천신만고 끝에 의사 한 사람이 그 섬에 와서 한 달 동안 머물게 되는데, 그 섬을 떠나려고 하는 의사에게 그 마을의 이장쯤 되는 사람이 다음과 같이 호소하는 장면이 나옵니다.

"우리는 8년 동안 매달 복지 수표니 바라며 줄을 서 왔어. 자네는 복지 수표를 받기 위해 줄 서 본 적이 있나? 자네는 돈도 벌어야겠지만 부끄러움도 벌어 봐야 해. 의사가 없으면 마을도 아니야. 우리가 의사 한 사람 구해 보자고 이러는 게 아니네. 마을 사람 120명의 생명을 구하기 위해서 그러는 거라고."

의사는 결국 그 말에 감복해 마음을 바꿔 그 섬에 주민으로 남았고, 공장이 하나 지어져서 마을 주민들이 모두 노동자로 취업해 행복하게 살았다더라, 그런 내용이에요.

이 영화에 나오는 사회와 우리 사회가 명백히 다른 점이 뭘까요? 한 마을의 주민 120명 모두 직업이 없었지만 8년 동안이나 한 명도 죽지 않고 살아갈 수 있었다는 거예요. 다시 취업해서 사회에 복귀할 때까지 8년 동안이나 국가가 그 사람들을 거의 완벽하게 지켜 줬다는 거예요.

우리나라라면 어땠을까요? 제가 사는 동네에서 멀지 않은 곳에서 벌어진 사건인데, 아이들 병원 갈 돈 몇천 원을 이웃에게 빌릴 수 없었던 가난한 어머니가 남의 동네 고층 아파트에 올라가 아이들을 모두 던져 버리고 자신도 떨어져 죽어 버린 일이 있었어요. 전기료를 못 내 단전되는 바람에 촛불을 켜고 살다가 불이 나 소녀 가장이 죽는 일도 있었고, 맞벌이 부부가 문을 잠그고 일자리를 구하러 나갔다가 집 안에 불이 나는 바람에 아이들 셋이 불에 타 죽어 버리는 일도 있었어요.

미국 바로 옆에 붙어 있는 캐나다에서도 그런 일은 일어나지 않는다는 거죠. 아프면 병원에 가서 치료 받았고, 자녀 교육에도 지장이 없었고, 살던 집에서 쫓겨나거나 단전, 단수되는 일도 일어나지 않았어요. 실직한 사람들이 다시 당당하게 노동자가 될 때까지 8년 동안이나 먹고살 수 있었어요. 그것이 이른바 선진 사회에서 국가가 마땅히 해야 하는 일이지요. 사회가 발전할수록 실직한 노동자들에게는 생계비를 지원하면서 필요한 교육을 시켜 주는 이런 제도가 잘 발달되어 있어요.

북유럽의 선진국들은 실직은 곧 교육이다, 이런 개념을 갖고 있어요. 노동자가 실직하는 것은 국가의 책임이라는 거죠. 실직하는 이유는 보통 두 가지라고 볼 수 있어요. 그 노동자가 일할 능력이 부족하거나 아니면 일자리가 없거나, 둘 중의 하나거든요. 이게 전부 국가의 책임이라는 거죠. 왜냐하면, 노동자가 필요한 능력을 갖출 수 있도록 제대로 교육하지 못한 것도 국가의 책임이고, 노동자가 취업할 수 있는 일자리를 만들어 주지 못한 것도 결국 국가의 책임이라는 거죠.

그래서 실업자에게 생계비를 일정 수준 지급하면서 계속 교육을 해서 우수한 노동 능력을 갖춘 노동자로 양성해 취업할 수 있도록 하는 제도가 선진국일수록 잘 발달돼 있어요. 그런 제도를 만들면 그 나라 경제 전체가 잘 돌아가는 그런 긍정적인 효과가 있습니다. 그런 사회 복지 제도들을 사회 안전망이라고 합니다.

그런 좋은 사회 복지 제도들은 부자들에게 많은 세금을 거둬야만 가능한 일입니다. 실직자와 그 가족들의 생계를 지원하는 중요한 재원의 바탕은 부자들로부터 거둔 세금입니다. 다른 선진국들에 비해 한국의 부유층은 세금을 너무 적게 내고 있어요. 박지성 선수도 영국에서 자기 연봉의 거의 절반을 세금으로 냅니다. 법이 그렇게 돼 있거든요. 핀란드의 부자들은 자기 소득의 60%를 세금으로 내고, 스웨덴에서는 85%까지 냅니다. 그래서 볼보라는 큰 회사의 사장은 자기 소득의 85%를 세금으로 냅니다.

결국 그런 사회 안전망을 만들면 실업자들에게만 도움이 되는 것이 아니라 그 재정적인 기반을 제공한 부유층에게도 도움이 돼서 그 나라가 경제적으로 잘 운영이 되는 측면이 있는 거거든요. 취직하지 못한 건 네가 못난 탓이니까 네가 알아서 먹고살아라, 이건 올바른 입장이 아니지요.

왜 고통받으면서까지 노동을 해야 되나요?

우선 청소년들에게 익숙한 '알바'를 한번 생각해 봅시다. 청년유니온이란 단체가 전국 600여 개의 편의점을 조사한 결과 66%가 넘는 곳에서 직원들에게 법으로 정한 최저 임금보다 낮은 임금을 지급했다고 합니다.

편의점에서 일하는 거 굉장히 힘들잖아요. 늦은 밤까지 일해야 되고, 술 취해서 오는 손님들도 있고, 시비 거는 사람도 있고, 언제 강도가 와서 위협할지도 모르고 청소년들이 감당하기엔 정말 힘든 감정 노동이잖아요. 그런데 왜 그 고통스러운 노동을 하나요? 그렇게 해야만 자기 용돈과 학비를 벌 수 있으니까, 그래서 그 힘든 노동을 할 수밖에 없는 거죠. 고통스러운 노동을 힘겹게 감당하는 사람들이 분명히 우리 사회에 많이 있어요. 그런 고통스러운 노동이 점점 적어질수록 좋은 사회인 거죠.

그 고통스러운 노동을 없애려면 어떻게 하면 되겠습니까? 자녀들 학비와 용돈을 제대로 내줄 수 없는 부모들이 적어지도록 해야 돼요. 그런데, 보면 자녀들에게 용돈이나 학비를 제대로 줄 수 없는 부모들의 직업이 거의 다 비정규직이에요. 그러니까 우선 비정규직 문제가 해결돼야만 고통스러운 노동이 적어질 수 있는 거죠.

경제협력개발기구(OECD)라고 있잖아요. 전 세계에서 선진국이다 하면 우선 OECD에 가입한 나라들을 가리키잖아요. 그래서 우리나라도 OECD에 가입하기 위해서 김영삼 정부 때부터 얼마나 노력했습니까? OECD에서 "가입하고 싶으면 공무원노조, 교사노조 합법화시켜야 한다"라고 하니까 그러겠다고 했습니다. 왜 그렇게까지 하면서 OECD에 가입하려고 애를 썼겠습니까? OECD에 가입해야만 국제적으로 번듯하게 제대로 된 나라로 인정을 받을 수 있으니까.

　OECD에 가입한 나라들 중에서 한국은 저임금 노동자와 비정규직 노동자 비율이 가장 높아요. 불명예죠. 빨리 그런 고통스러운 노동을 줄여야 합니다. 얘기가 나온 김에 설명하면요, 한국은 연간 노동 시간도 1위에요. 한국 노동자들이 가장 일을 많이 한다는 얘기죠. 그리고 성별 임금 격차도 1위에요. 남녀 간의 임금 격차가 가장 크다는 거죠. 인구 10만 명당 산재 사망자 수도 1위에요. 우리나라가 경제 규모는 세계 10위라고 자랑하는데, 그에 걸맞게 이런 상황들이 개선돼야 해요.

 직업을 구해야 노동을 할 수 있나요?

자본주의 사회에서 좁은 의미의 노동이라면 직업을 구해야만 가능하죠. 어디엔가 취업을 해야만 자본주의 사회에서 말하는 좁은 의미의 노동을 할 수 있는 거죠. 넓은 의미에서는 자영업자도 물론 노동을 한다고 볼 수는 있어요.

　우리나라는 영세 자영업자가 너무 많다는 문제점을 갖고 있어요. 자영업자 비율이 다른 나라보다 너무 높아요. 경제가 어려워지고 기업들이 구조 조정을 하면서 노동자들을 해고하니까 퇴직하거나 해고당한 노동자들이 자영업 시장으로 물밀듯이 많이 들어와서 그런 문제가 생겼습니다. 새벽부터 밤늦게까지 잠도 못 자고 열심히 고생들 하는데 그런 것도 넓은 의미에서는 당연히 노동이라고 볼 수 있죠. 그러니까 넓은 의미에서는 놀고먹는 사람이 아니면 다 노동을 한다고 볼 수 있습니다.

"다른 사람 밑에서 일하는 건 내 성격이랑 안 맞아서 못해." 이런 사람들 있죠? 그런 사람들은 일찍이 창업할 수도 있습니다. 요즘은 청년 창업자들도 많이 있어요. 고등학교 졸업하고, 대학 졸업하고 바로 창업하는 사람들도 많이 있고 그런 걸 지원하는 제도도 앞으로 점점 많아진다고 하니까 스스로 창업해서 열심히 살아가는 것도 즐거운 노동을 할 수 있는 방식 중 하나겠죠.

얼마 전에 제 강의를 듣는 대학생들하고 같이 밥을 먹으러 갔는데 한 학생이 휴대폰으로 밥 먹는 식당을 계속 찍는 거예요. 그래서 왜 그러느냐고 물어보니까 "제가 대학을 졸업하고 딱 2년 동안만 공정 무역 커피점을 운영하려고 하거든요. 그런데 이 식당의 인테리어가 아주 마음에 드네요." 그러면서 찍더라고요.

공정 무역 커피란 게 뭐냐 하면요, 커피는 대개 가난한 나라의 농민들이 생산하거든요. 그런데 그 커피를 싼 가격에 사다가 비싸게 팔아서 돈을 버는 회사는 대개 부자 나라의 대기업들이에요. 140잔의 커피가 나오는 커피 원두 1파운드가 현지에서는 25센트의 헐값에 거래된다고 하는데, 그러니 커피 생산 농민들이 얼마나 고생을 하겠어요. 팔려 온 아이들이 강제 노동을 하다시피 해서 생산한 커피도 많다는 거예요. 그러니까 그런 대기업을 거치지 않고 시민 단체나 양심적인 사회적 기업들이 직접 남미나 동남아시아의 가난한 소규모 커피 재배 농가에서 커피를 제값 주고 사다가 소비자들에게 파는 거지요. 곧 커피로 인하여 발생되는 수익을 농민에게 공정하게 나누어 주자는 운동인 거예요. 값싼 아동의 노동력을 이용하지 않고, 생산지의 환경을 보전하기 위해 농약이나 화학 비료를 사용하지 않고 생산된 유기농 커피들이 대부분이에요. 그런 공정 무역 커피점을 운영해 보겠다는 계획을 세운 학생이 참 기특하게 느껴지더라고요.

 먹고살 만한 사람인데도 계속 일하는 사람은 왜 그럴까요?
빌 게이츠처럼……

부정적으로 보자면, 사람의 욕심은 끝이 없다, 그래서 아무리 부자라도 더 큰돈을 벌려고 애쓰게 된다. 이렇게 말하는 사람들도 있지만, 그런 사람들은 일 자체에 보람을 느낀다고 긍정적으로 볼 수도 있어요. 마이크로소프트라는 회사를 창업해서 전 세계를 상대로 사업을 하고 새로운 프로그램들을 계속 개발해 내는 자체가 그 사람에게는 삶의 보람인 거죠.

빌 게이츠는 세계에서 가장 재산이 많은 부자였는데, 몇 년 전에 기자회견을 하면서 "4년 뒤에 은퇴하겠다"고 발표를 했어요. 기자들이 "은퇴하고 뭘 할 거냐?"고 물었죠. 빌 게이츠는 "내가 지금 재산은 세계에서 가장 많은 부자인데, 기부금은 두 번째로밖에 많이 못 내고 있다. 은퇴한 뒤에는 평생 동안 아내와 함께 자선 사업을 하면서 살고 싶다." 이렇게 답했고, 지금 실제로 그렇게 살고 있다는군요.

빌 게이츠가 특별히 훌륭한 자본가라기보다 다른 나라에서는 기업을 경영하는 사람들이 기본적으로 그런 정서가 있다는 거지요. 미국은 전형적인 자본주의 국가이지만, 그래서 유럽 사람들로부터 '천박한 자본주의'다, 이렇게 무시당하기도 하지만 바로 얼마 전에 미국 갑부 40명이 자기 재산 절반을 사회에 환원하겠다, 이런 발표를 또 했잖아요.

외국 경영자들과 한국 경영자들은 그런 차이점이 있다는 얘기를 들어

본 적이 있어요. 한국 경영자들 중에도 드물게 그런 국제적 감각을 갖고 있는 사람들이 있어요. 유한킴벌리 회사의 문국현 사장 이야기를 들을 기회가 있었는데, 이런 얘기를 하더군요. 경영자들이 모이는 국제 행사에 참석했는데, 개인적인 자리에서나 공식적인 토론회에서 외국 CEO들이 하는 얘기의 절반 정도가 환경 보호라든가, 기후 변화라든가, 기업의 사회적 책임이라든가 이런 것들에 관한 내용이었다는 거죠. 그게 전문 경영자의 기본적인 소양이더라는 거예요.

그런데 한국의 CEO들은 모였다 하면 수익이라든가, 비용 절감이라든가 계속 이런 얘기만 하고 있더라는 거예요. 그래서 좀 창피하더라는 거지요. 한국 CEO들처럼 천박한 경영자들은 국제적으로 별로 없더라, 뭐 그런 내용의 이야기를 들은 적이 있습니다.

그리고 솔직히 먹고살 만한데 돈독이 올라서 계속 일하는 사람들도 물론 있겠죠. 그렇게 돈에 환장한 경우도 물론 많겠지만, 일 자체에 보람을 느끼는 경우가 더 많다고 봐요. 인간은 뭔가 성취하면 두뇌에서 아드레날린이 분비되면서 쾌감을 느끼도록 하는 뭐 그런 요소가 있다고 하잖아요. 그 노동 자체가 보람인 거죠. 돈 많다고 빈둥빈둥 놀기만 하고 일은 전혀 하지 않으면 살찐 돼지와 무슨 차이가 있겠어요?

 이젠 노동을 대신하는 로봇이 생산되는데 나중엔 노동이 필요 없지 않나요?

물론 그런 측면이 있지요. 그런데 잘 생각해 보세요. 그렇게 되면 또 어떤 노동이 많아지겠어요? 로봇에 대해 연구하고 설계하는 일이 늘어나겠죠. 이것도 노동이잖아요. 로봇에 대해 연구하고 설계하고 만드는 정보 통신 분야의 노동자가 점점 많아지는 거죠.

예전에는 노동자, 그러면 대부분 제조업체 생산직 사람들을 주로 생각했어요. 작업복 입고 흔히 '기름 밥 먹는다'고 하는, 이런 사람들이 노동자의 주류였지만, 요즘은 노동자 그러면 화이트칼라, 사무직, 전문직, IT, 금융, 언론, 미디어…… 이런 분야에서 일하는 사람들도 모두 포함되고 그런 노동자들이 점점 많아지는 사회거든요. 흔히 '지식 산업 사회'라고 하는 게 바로 그런 현상을 말하는 거예요. 그러니까 로봇이 노동을 대신하면 이제 노동이 없어지는 거 아니냐, 그런 질문은 노동이라는 것을 제조업체 생산직에만 해당되는 것처럼 생각하기 때문에 나온 거라고 볼 수 있어요.

인류 역사를 보면요, 산업 혁명 무렵에 증기 기관이 발명됐잖아요. 그런데 증기 기관이 발명됐을 때 사람들이 어떤 얘기를 했냐 하면 과학은 이제 더 이상 발전할 수 없는 단계까지 왔다, 이렇게 말했어요. 증기 기관이 모든 과학의 종착점인 것처럼 이야기했지만 지금 우리가 볼 때 증기 기관은 얼마나 유치한 동력이에요? 증기 기관이 인간의 모든 노동을 대체할 것처럼 생각했지만 그 증기 기관으로부터 지금까지 에너지 산업이 또 얼마나 많이 발전했어요? 그 발전 과정 속에 수많은 노동자들의 노동이 있었던 거거든요. 미래 사회에도 새로운 노동이 계속 창출될 거예요. 새로운 노동자들이 계속 나올 거라는 얘기죠.

　너는 나다 : 우리 시대 전태일을 응원한다

취업을 해서 노동자가 되기 전에 우리는 무얼 알아야 하나요?

우선 지금까지 얘기한 걸 모두 알면 되겠지요. 그래도 특별히 강조한다면 우리가 노동이란 단어를 들었을 때 머리에 딱 떠오르는 생각이 아, 틀린 생각일지도 모른다, 다른 나라의 청소년들과는 조금 다른 생각을 하는 것인지도 모른다, 이렇게 자기의 노동이란 생각에 대해서 의문을 품을 필요가 있어요.

그렇다면 한국 사회에서 노동이란 것을 올바로 이해하기 어렵게 된 이유는 무엇일까? 그런 것에 대해서도 생각해 볼 필요가 있고요. 그 이유에 대해서는 거의 설명하지 못했는데, 대한민국은 노동 문제를 올바로 이해하기 어려운 사회가 될 수밖에 없었던 뼈아픈 역사, 곧 근현대사를 간직하고 있어요. 그런 분야에 대해서도 앞으로 관심을 갖고 공부할 기회가 있기를 바랍니다.

청소년들은 앞으로 대부분 노동자가 될 테니까 노동 문제, 곧 전태일 열사의 문제가 내 문제다, 그런 생각을 해 주셨으면 좋겠어요. 노동 문제에 관심을 갖고 여러 가지 질문을 해 주셔서 고맙습니다.